AF456350

DISCOVRS SVR LES SONGES DIVINS, DONT IL EST PARLÉ DANS L'ESCRITVRE.

A MONSIEVR

GACHES

Par MOYSE AMYRAVT.

A SAVMVR,
Chés ISAAC DESBORDES,
Imprimeur & Libraire.

M. DC. LIX.

DISCOVRS SVR LES SONGES DIVINS.

A MONSIEVR GACHES

MONSIEVR ET TRES-HONORE' FRERE.

IE ne doute pas que vous ne vous souveniez des propos que nous tenions lors que nous allasmes ensemble au logis de Monsieur le Conseiller Amproux. L'vn de nos entretiens fut touchant la nature des songes que Dieu a autrefois enuoyés à ses seruiteurs, & particulierement touchant les marques par lesquelles ils pouvoyent reconnoistre que ces songes estoient veritablement diuins. Parce que vous trouuastes beaucoup de difficulté en cette matiere, i'eusse esté bien aise que nous y fussions entrés vn peu plus auant : mais la nuit nous separa, & vous obligea de vous retirer en vostre logis; & Mademoiselle de la Suze, qui m'attendoit en vn autre lieu, & moy nous nous en allasmes aux nostres. Nous en dismes quelque chose cette excellente Demoiselle & moy en retournant, & elle me pria d'esclaircir autant que je pourrois ce qu'il y a d'obscur & de difficile en ce sujet, qu'elle estimoit digne d'vne meditation vn peu attentiue. I'y ay pensé pendant mon voyage, & sans quelques autres affaires que i'y ay euës, i'en eusse desia mis mes pensées sur le papier. Si les occupations qui m'attendoyent icy en foule me le permettent, ie le feray, & ie commence dans leur embarras ce petit trauail expressément afin de m'engager dans la necessité de l'acheuer, pour le vous enuoyer comme vn témoignage du respect que ie vous porte, & de l'estime singuliere que ie fais de vos rares qualités, & de l'honneur de vostre amitié.

Il y a dans l'hõme trois sortes de facultés qui seruent à luy acquerir & à luy conseruer la cõnoissance des choses: à sçauoir les sens exterieurs, qui sont, s'il faut ainsi dire, à vne extremité: l'entendemẽt, qui est à l'autre: & les sens interieurs qui sont entre deux. L'impression des choses sensibles qui se fait dans les sens du corps, ne s'appelle point du nom de songes, parce qu'elle se fait en veillant. Les raisonnemens de l'intellect ne s'appellent non plus de ce nom, parce que les songes se forment dans quelcune de ces facultés que nous auons communes auecques les bestes, à qui, comme aux chiens & aux cheuaux, il arriue de songer. De sorte qu'il faut necessairement que cette impression se face dans les sens interieurs. On en conte ordinairement trois: le sens commun, la fantaise, & la memoire; que quelques-vns estiment n'estre qu'vne seule & mesme puissance, mais que l'on considere diuersement, selon qu'elle agit aussi diuersement sur ses objets; les autres les distinguent comme des facultés differentes en elles mesmes, & non en leurs operations seulement. Ie suiurai icy cette derniere opinion, parce qu'elle est plus vniuersellement receuë, & plus commode pour l'explication de ce que i'entreprens, & diray que ce n'est point dans le sens commun que les songes se forment, parce qu'il n'agit que lors que les particuliers & exterieurs sont éueillés; ny, a proprement parler, dans la memoire, parce que les idées des choses qui sont dans la memoire n'y sont qu'en puissance seulement, & que quand elles reuiennent en acte, elles passent dans l'imagination. Or les images dont les songes se forment, sont en acte, comme on parle, & partant il faut necessairement qu'ils se facent dans cette partie qu'on appelle la fantaisie; de quoy tout le monde demeure d'accord. Cette impression donques ne pouuant estre rapportée qu'à trois causes, la Nature, les Anges, & Dieu, il n'y peut auoir que de trois sortes de songes, les naturels, les surnaturels en ce qu'ils procedent de l'operation des Anges, & les diuins. Pour le regard des naturels, ils peuuent estre distribués en quatre classes. Car il y en a quelques-vns qu'il faut simplement imputer au temperament du corps, ou à la constitution en laquelle il se rencontre à l'heure que celuy qui dort a telles ou telles visions. Pour exemple, ceux qui sont d'vn temperament bilieux & ardent, ou qui à cette heure-là, ont de la bile echauffée au fond de l'estomach, songent ordinairement qu'ils voyent des embrasemens. Ceux qui sont naturellement phlegmatiques, ou qui ont de la pituite au fond du ventricule, voyent des estangs, & des riuieres, & des desbordemens d'eaux: & en est des autres à peu prés de mesmes, selon la diuersité de leur constitution. Et bien que l'experience monstre cela, & que les Medecins prennent des songes quelques indications pour connoistre le temperament du corps, si est-ce que la raison pourquoy cela se fait ainsi, est assés malaisée à rendre. S'il m'est permis de dire cela en passant, car mon dessein ne m'oblige point à le faire, i'estime premierement qu'il faut poser que les operations des sens nous mettent dans la memoire les formes de toutes les choses sensibles, qui s'y conseruent pour toutes occasions, & que c'est de là que se tire la matiere des songes de cette nature. Car ſi l'on ſe pouuoit figurer vn homme qui euſt veſcu iuſqu'à l'aage de vingt-cinq ans, ſans auoir iamais vſé d'aucun de ſes ſens, il faudroit pareillement ſe figurer qu'il auroit auſſi veſcu iuſques à cet aage-là ſans ſonger, parce qu'il n'auroit l'idée d'aucune choſe ſenſible dans la memoire. Puis apres, il eſt certain que pendant le ſommeil la chaleur s'augmente dans les entrailles, c'eſt à dire, au foye, autour du cœur, au diaphragme, & dans toutes les parties qui enuironnent l'eſtomach. De là vient qu'il monte des vapeurs au cerueau, qui d'vn coſté ſont chaudes de la chaleur qu'elles tirẽt de la cauſe qui les excite & qui les fait monter, & qui de l'autre tiennent de l'humeur qui domine vniuerſellement dans le temperament du corps, ou particulierement dans l'eſtomach, ſoit bile, ou pituite, ou ſang, ou melancholie, qui ſont les quatre que l'on a accouſtumé de mettre en conſideration. Entant donques que ces vapeurs sõt chaudes, elles remuent les idées qui ſont dans la memoire, & les ramenẽt en acte dans l'imagination: & entant qu'elles tiennent d'vne telle ou d'vne telle humeur, elles affectent le cerueau, & nommément l'organe de la fantaisie, de la qualité de l'humeur dont elles sont procedées; ce qui produit cet effect. C'est que l'organe ainsi affecté, reçoit mieux les images des choses qui symbolisent auec cette sienne constitution presente, & les retient, au lieu que les autres qui n'y symbolisent pas, se dissipent & s'éuanouïssent. Tellement que si ce sont des vapeurs excitées de la pituite, la fantaisie embrasse les idées des eaux, & void des inondations : & si elles ont esté excitées de la bile, la fantaisie reçoit & embrasse les idées du feu, & void des embrasemens ; & les autres formes des choses que la chaleur auoit emeuës, & tirées de la memoire en l'imagination, s'écoulent & ne s'y arrestent pas. Mais comment que l'on decide cette question, les songes qui procedent de cette cause-là, ne peuuent auoir autre vertu de signifier, sinon celle qu'a vn effect de donner quelque connoissance de sa cause. La raison de cela est que ce qui les produit estant absolument destitué d'intelligence, (car ny la chaleur qui est dans les entrailles n'en a point, ny la memoire, ny l'imagination non plus, & l'intellect n'agit du tout point en cela) ces choses ne peuuent estre destinées à aucune fin. Il y en a d'autres où le temperament du corps & la disposition des humeurs n'a point de part, & qui ne viennent d'ailleurs sinon de ce que la chaleur qui monte des parties inferieures, au cerueau, remuë, comme i'ay dit, les images des choses dans la memoire, & les ramene dans l'imagination, mais confuses & meslées, à proportion de ce que la chaleur est grande, & que les vapeurs qui s'esleuent de l'estomach sont grossieres ou subtiles, & plus ou moins abondantes & capables de remplir les organes du cerueau. Car quand elles sont fort épaisses & fort abondantes, les images des choses qui se rappellent de la memoire, y sont tellement englouties, qu'ou bien il ne s'en presente aucune à la fantaisie qu'elle puisse apperceuoir : ce qui fait qu'on ne songe du tout point ; ou bien s'il s'y en presente quelcune qu'elle apperçoiue, cela est accompagné de tant de foiblesse & d'obscurité, que quand on est reueillé on ne se souuient du tout point de ce que l'on a songé. Et c'est pourquoy il y en a, quoy que fort peu, qui ne songent iamais, parce que les fumées qui leur montent en la teste en dormant, sont toûjours espaisses & tenebreuses: & c'est pourquoy encore d'ordinaire on ne resue point incontinẽt apres le repas, parce que l'estomach estant plein, y enuoye au cerueau des vapeurs en trop grande abondance. Si ces vapeurs là sont plus deliées, moins abondantes, & plus tranquilles, les images des choses se presentent à la fantaisie auec plus de distinction. Et neantmoins il y a toûjours beaucoup de desordre. Car posé le cas que ces images soyent d'elles-mesmes bien arrangées dans la memoire, il suruient icy deux choses qui y mettent de la confusion. L'vne, que la chaleur qui les remuë, les trouble, comme l'on voit que les substances qui sont dans vn vaisseau plein d'eau, demeurent chacune en leur rang tandis que l'eau est tranquille; mais si vous venés à mettre du feu dessous, l'eau en boüillant s'agite, & ces substances se broüillent par son agitation. L'autre, que tandis que les sens exterieurs sont eueillés & qu'ils agissent, ils reiglent & fixent la fantaisie par leurs operations. Mais quand ils sont assoupis par le sommeil, alors n'estant plus arrestée par ce moyen-là, il y a beaucoup de déreiglement en ses mouuemens. De là vient que ces images, dont la memoire, excitée par la chaleur, l'a remplie, s'attachent les vns aux autres fortuitement & irregulierement, d'où se forment vne infinité de grotesques & d'extrauagantes compositions. On fait l'experience de cela dans la fievre, quand la violence de la chaleur, & les vapeurs de la bile troublent l'imagination : & on la voit dans les fols, qui bien qu'ils ne dorment pas, & qu'ils n'ayent pas la fieure, ont neantmoins l'imagination en trouble, à cause de la discrasie de leur cerueau. Car c'est ce qui leur fait conceuoir tant de chimeres, & prononcer de si estranges galimatias, diuerses especes de choses, qui n'ont aucune liaison naturelle entr'elles, leur passant dans la fantaisie, & s'attachant les vnes aux autres auec beaucoup d'irregularité. Car l'imagination est bien vne faculté qui d'elle-mesme peut receuoir l'impression de ces idées, & de les composer ensemble : mais parce qu'elle est corporelle, & par consequent destituée d'intelligence, elle ne peut reconnoistre ny leur conformité ny leur dissemblance, ny les disposer conuenablement par la lumiere de la raiſon. De ſorte qu'elle fait alors comme feroit vn aueugle qui ſe trouueroit au milieu de quantité de ſtatuës tronquées & mutilées, & qui en voudroit raſſembler les parties en taſtonnant. Car il luy arriueroit ſans doute de mettre, pour exemple, la teſte de Marius ſur le corps de Cleopatre, & peut-eſtre les cuiſſes d'vn cheual de bronze ſous le buſte d'Epaminondas. Ces ſonges-là ont encore moins de vertu de ſignifier que les precedens. Parce que la compoſition de ces images eſt tout à fait temeraire & fortuite, & par conſequent incapable, ſoit de repreſenter quelque choſe, comme dans vn embléme allegorique, ſoit de la predire tout nuëment & ſans vne telle repreſentation. Car toute conſtitution d'allegorie & de repreſentation ſymbolique, eſt l'œuure d'vne intelligence, & la preuiſion des euenemens futurs requiert encore dauantage de lumiere de raiſon. Il eſt vray que l'intellect fait quelquesfois en dormant quelques operations ſur les choſes qui luy ſont ainſi preſentées par la fantaiſie. Car il y a cette difference entre nos ſonges, & ceux des chiens & des cheuaux, que ceux-cy dans ces animaux ne touchent aucune faculté superieure à l'imagination, parce qu'il n'y en a point; au lieu que les nostres affectent quelquesfois nostre intelligence. Tellement que nous faisons des raisonnemens sur ces fantosmes, & mesmes d'assés longs discours, ce qui arriue assés souuent à ceux qui sont accoustumés à parler en public. Mais premierement ce n'est pas l'intellect qui forme ainsi ces idées: il agit seulement sur elles comme elles luy sont presentées par l'imagination. De sorte qu'il ne leur peut donner la vertu de signifier quoy que ce soit. Puis apres, comment est-ce que luy qui ne preuoit pas les choses à venir quand il est éueillé, les pourroit deuiner en dormant, & les representer dans la composition de ces differentes especes de choses qui se rencontrent alors dans la fantaisie? Tant s'en faut qu'il y face rien de tel, qu'il ne peut pas mesmes iuger raisonnablement ny du passé ny du present, dont il doit auoir beaucoup plus de connoissance. En effect aucune extrauagance ne choque alors nos entendemens. Nous ressuscitons nos amis que nous sçauons bien estre morts, & discourons auec eux comme s'ils ne l'estoyent pas: nous mettons Paris en Quercy, & Londres en Allemagne, & cela ne nous estonne point: nous deuenons & gueux & rois d'vn moment à l'autre, sans que nous trouuions estrange vn si prodigieux changement: & n'y a rien de si bizarre ny de si disproportionné, qui ne nous semble raisonnable. La troisiesme sorte de songes naturels comprend tous ceux qui nous viennent des occupations de la vie ausquelles nous apportons quelque extraordinaire application d'esprit. Car les hommes studieux songent en des liures; les autres en de l'argent; les gens de guerre s'imaginent voir des bataillons de gens de pied & des escadrons de gendarmes: & generalement à tous ceux qui ont quelques telles occupations à cœur, il arriue d'auoir en dormant des visions qui s'y rapportent. Et la raison de cela n'est pas malaisée à rendre. De toutes les images qui s'impriment en la memoire, celles-là leur sont les plus familieres, & celles qui retournent le plus souuent. Tellement que ce n'est pas merueille si quand la chaleur interieure qui se redouble par le sommeil, vient à emouuoir, & par maniere de dire, à secoüer ce magazin, ces choses-là s'y rencontrent les premieres & les plus frequentes. Mais c'est tousiours à peu prés auec la mesme bizarrerie que les precedentes, qu'elles se presentent à l'intellect, de sorte qu'il en faut faire mesme iugemẽt, & croire qu'elles ne peuuẽt auoir aucune vertu significatiue. Enfin la quatriéme espece est des songes qui viennent à l'occasion de quelque passion, ou qui nous possedoit desia en veillant, & sur laquelle nous nous sommes endormis, ou qui s'excite en nous en dormant, par l'émotion de l'Irascible ou de la Concupiscible. Et alors il nous arriue des choses à peu pres semblables à ce que nous auons cy dessus dit du temperament du corps, & de la constitution de ses humeurs : c'est qu'il se presente à nostre imagination des objets qui symbolisent auec nos passions. Ceux qui ont faim s'imaginent qu'ils voyent des festins, & ceux qui ont soif croyent qu'ils boiuent à des fontaines. Les amoureux voyent leurs inclinations, & ceux qui sont en colere, les objets de leur irritation, & vont à la rencontre de leurs ennemis qui se presentent à eux en armes. Mais comme il n'y a point de doute que cela

cela n'ait vne cauſe antecedente dans la paſſion, auſſi eſt-il certain qu'il n'eſt pas ordinairement moins extrauagant que les ſonges precedens, ny plus capable de donner aucune vraye connoiſſance des choſes qui ſont à venir, ny meſmes de celles qui exiſtent des-ja, mais qui auant le ſonge & le ſommeil nous eſtoyent entierement inconnuës. Car la partie ſenſitiue de nos ames eſt à la verité bien capable de ſe ſoumettre à la raiſon;mais en elle-meſme elle n'eſt point participante de raiſon ny d'intelligence. De ſorte qu'eſtant naturellement brute comme elle eſt, il eſt impoſſible qu'il en ſorte aucune production de la condition de celles que nous auons des-ja dit ne pouuoir auoir pour cauſe ſinon vne nature intelligente. Vray eſt qu'il eſt quelquesfois arriué que de tels ſonges ont reüſſi: ce qui a fait penſer qu'il y auoit du rapport entre le ſonge & l'euenement, & par conſequent que quelque intelligence s'en eſtoit meſlée. Mais, comme Ariſtote l'a remarqué, cela eſt arriué par hazard; & comme qui tireroit vn milion de fléches à coup perdu, pourroit enfin fortuitement rencontrer le blanc, il nous paſſe en dormant tant de sortes de visions en l'imagination, que non seulement il n'est pas merueilleux si l'on en voit reüssir quelcune, mais si vne ou deux fois en la vie il n'en arriuoit ainsi, ce seroit vne chose qui pourroit sembler estrange. Que s'il y a quelcun de nos songes qui non seulement reüssisse, mais entre lequel & son euenement il y ait quelque fort notable rapport, & tel qu'il faille necessairement qu'il y soit interuenu quelque operation d'vne cause intelligente, il ne le faut pas conter entre les songes naturels, mais le rapporter ou à Dieu, ou a quelque action des Anges.

Il y a de deux sortes de songes que l'ō peut imputer aux intelligēces créées. Les vns sont ceux où les choses qu'ils signifient sont contenuës en des representations symboliques & mysterieuses : & les autres les proposent toutes nuës & à découuert. Et quant aux premiers, ceux qui se sont autrefois meslés de donner les reigles de leur interpretation, l'ont fait en deux manieres opposées. Car ils ont enseigné qu'il faut prendre quelquesfois tout le contrepied du songe en son interpretation : comme si on songe en des nopces, ils ont dit que c'est signe de mort: & si au contraire on s'imagine en dormant qu'on voit des habits de dueil ou des funerailles, il faut croire que l'on fera bien-tost des nopces. On peut bien songer en de telles choses sans que les Anges s'en meslent: car ce sont-là des images qui peuuent estre demeurées dãs la memoire, &, par les forces de la Nature toute seule, reuenir dans la fantaisie en dormant. Mais quand quelque tel songe auroit reüssi, & qu'il auroit esté imprimé dans l'imagination par l'operation d'vn Ange, asseürément il ne seroit pas des bons. Car ils sont ministres de Dieu, qui n'a iamais enuoyé de songes qui ayẽt eu la vertu de signifier ainsi à rebours: beaucoup moins a-t-il estably aucune telle reigle de les interpreter. Il n'y en a aucune trace ny dans sa Parole, ny dans la Nature des choses mesmes, & il y auroit trop d'incertitude en telles interpretations, pour les rapporter à la reuelation de Dieu. Cela me fait souuenir de ce que l'on dit de Bucanan, qui faisoit tous les ans relier dans son Almanach autant de fueillets de papier blanc qu'il y en auoit d'imprimés, & là où l'imprimé disoit, *il sera beau temps*, il escriuoit vis à vis, *il sera laid*: & là où l'imprimé disoit, *il sera de la pluye & vn temps nubileux*, il mettoit iustement à l'opposite, *l'air sera fort beau & fort serain*: puis apres auoir obserué cela cinquante ou soixante ans durant, il disoit qu'il auoit tousiours mieux rencontré que son Almanach. Ce n'est pas que ceux qui auoient fait les Almanacs eussent voulu designer par des predictions contraires, les euenemens que Bucanan prognostiquoit puis apres. Mais c'est que ces Astrologues faisans la plus part du temps leurs prognostications à l'auanture, & mesmes quelques-vns d'entr'eux sans auoir aucune teinture de la science des astres, il pouuoit bien arriuer à Bucanan, fortuitement aussi, de deuiner le beau ou le mauuais temps, en prenant le contre-pied de leurs propheties. La plus commune reigle de l'interpretation des songes, est d'obseruer les rapports & les ressemblances qui se trouuent entr'eux & les euenemens. Ainsi l'on croit que celuy qui a songé qu'il luy estoit tombé vne dent, perdra vn bon amy ; & que celuy qui a songé qu'on luy arrachoit vne coste, doit voir mourir sa femme dans peu de temps. Ie ne m'amuſeray pas à rapporter des exemples de ſonges de cette nature, qui ont eſté verifiés par l'euenement. Ciceron en recite vn bien gentil entre les autres. Quelcun auoit ſongé qu'il y auoit vn œuf caché ſous ſon lict. Le deuin à qui il s'addreſſa pour auoir l'interpretation de ſon ſonge, luy reſpondit qu'au lieu meſme où il s'eſtoit imaginé qu'il y auoit vn œuf, il y auoit vn treſor caché. Ce ſongeur fit donc creuſer ſous ſon lict, & il s'y trouua de l'argent, & au milieu de l'argent, de l'or. Pour donner au deuin quelque témoignage de reconnoiſſance, il luy porta quelques pieces de l'argent qu'il auoit trouué ; & le deuin, qui auoit auſſi eſperé quelque choſe de l'or, luy dit: *Ne me donnes-tu rien du iaune de l'œuf*? Et cette ſorte de ſonges, que l'õ ne peut pas certes raiſonnablement imputer aux cauſes de la nature ny au hazard, ne paſſent pas la portée des bons ny des mauuais Anges. Cõme vn Ange, ſoit bon, ſoit mauuais, (car ie n'examine pas à cette heure la queſtion lequel c'eſt des deux) a peu ſauoir qu'il y auoit-là vn treſor caché : il a peu auſſi imprimer ce ſonge dans l'imagination de cet homme tandis qu'il dormoit, & reueler au deuin que cet œuf signifioit vn tresor où il y auoit de l'argent, & de l'or enfermé dedans, ou luy fournir les occasions de le deuiner par conjecture. Il y en a mesmes de cette nature qui regardent l'aduenir, qui peuuent proceder de l'operation des Anges. Les Poëtes disent que Hecube, femme de Priam, estant grosse de Pâris, songea qu'elle accouchoit d'vne torche ardente; à l'occasion dequoy les deuins predirent que cet enfant seroit cause de la ruine de Troye & de son embrasement. Les anciens historiens ont escrit que la mere de Phalaris auoit songé que d'entre les statuës qu'elle mesme auoit consacrées dans la maison de son fils, elle auoit veu celle de Mercure, qui d'vne tasse, quelle tenoit en la main, versoit du sang sur la terre; lequel sang s'enfloit en boüillonnant, de sorte que toute la maison en regorgeoit. Ce qui fut interpreté & confirmé par les cruautés de Phalaris, le plus sanguinaire de tous les hommes. Cyrus, en dormant, s'imagina qu'il voyoit le Soleil à ses pieds, & que par trois fois il auoit essayé de le saisir de la main; mais qu'il luy estoit tousiours eschappé, en roulant. Ce que les Mages interpreterent ainsi : c'est que l'effort qu'il auoit fait par trois fois de prendre le soleil, signifioit qu'il regneroit trente ans : ce que l'euenement confirma encore. I'ay dit que tous ces songes peuuent proceder de l'operation des Anges, parce que l'impression de ces images dans la fantaisie des hommes qui dorment, n'est pas au de là de l'estenduë de leur actiuité. L'idée du Soleil est dans la memoire de tous les hommes , & celle des torches ardentes, & des statuës & du sang. Tellement qu'il n'a fallu en ces occasions sinon les ramener dans la fantaisie, & leur donner certaine situation & certain mouuement. Et quant à la preuision de l'auenir que les Anges ont voulu signifier par là, ils l'ont peu auoir en partie d'eux-mesmes & de leurs propres conjectures, en partie de quelque sorte de reuelation de Dieu. Le demon, qui ne cherche qu'à faire du mal au monde, auoit resolu de porter l'humeur barbare de Phalaris à toutes sortes de cruautés: & voyant la Maison de Priam florissante, & son Estat riche & puissant, il se proposa de faire tout ce qu'il pourroit pour le ruiner, & de se preualoir pour cet effect de toutes les occasions qui se presenteroyẽt, & des enfans de Priam mesme. Et bien que ce ne fussent que des desseins, de l'euenement desquels il ne pouuoit pas auoir vne pleine certitude, parce que la volonté de Dieu & sa Prouidence estoyent au dessus, il n'a pas laissé de l'esperer, & de predire de la façon vne chose qu'il vouloit faire. Ce que Dieu, pour les raisons qu'il en auoit par deuers luy, a voulu que l'euenement ait ratifié. Quant à Cyrus, il estoit impossible aux Anges de deuiner combien de temps il regneroit. Mais Dieu laisse quelques fois sortir quelques choses du secret de ses conseils, & permet qu'elles paroissent à la veuë des intelligences créées. Et de ces éclairs qui sortent du cabinet de Dieu, ou elles voyent quelque chose de l'aduenir auec certitude, ou au moins en forment-elles des raisonnemens & des conjectures qui approchent bien prés de la verité. Les autres songes, qui proposent les choses toutes nuës & à descouuert, n'ont point besoin d'interpretes pour les entendre; mais quand les euenemens les confirment, ils n'en sont pas moins admirables pour cela. I'en produirai deux ou trois exemples qui me semblent bien signalés. Deux hommes Arcadiens, amis l'vn de l'autre, faisoyent voyage ensemble, & arriuerent en la ville de Megaré, où l'vn s'alla loger dans vne hostelerie publique, & l'autre chés vn de sa connoissance, comme cela se faisoit alors assés ordinairement. Apres souper, celuy qui estoit dans vne maison particuliere s'estant allé coucher, comme il dormoit, l'autre luy apparut en songe, & le pria de le venir secourir, parce que le maistre de l'hostelerie le vouloit assassiner. L'effroi de ce songe l'ayant émeu, il se leua; mais apres estre reuenu à luy-mesme, il le prit pour vne vaine vision, & se recoucha pour dormir. Dans ce second sommeil l'image de son amy luy reuint encore dans la fantaisie, & il s'imagina qu'il le prioit que puis qu'il ne l'auoit pas voulu secourir viuant, au moins il ne laissast pas sa mort impunie. Que l'hostelier l'auoit tué, & l'auoit mis dans vne charrette qu'il auoit remplie de fumier. Et qu'il le prioit de se trouuer de bon matin à la porte de la ville auant que la charrette sortist. Cet homme extraordinairement émeu par ce songe, se leua, & s'en estant allé à la porte de la ville, arresta vne charrette pleine de fumier qui s'y presenta pour passer : de quoy le charretier estant épouuanté, il s'enfuit, & le corps ayant esté trouué dedans, & le crime par ce moyen découuert, l'hostelier fut supplicié, & toute la ville rauie en admiration de la merueille de ce songe. C'est Ciceron qui le rapporte au liure que i'ay desia allegué. En voicy vn autre tiré de la vie de Monsieur de Peiresc, Conseiller au Parlement de Prouence. Ce celebre personnage allant de Montpellier à Nismes, passa la nuit dans vne hostelerie qui est à my-chemin des deux lieux. Il auoit en sa compagnie Iacques Rainier, bourgeois d'Aix, qui qui dans ce voyage-là couchoit dans vne mesme chambre. Comme ce grand homme dormoit, Rainier entendit qu'il resuoit, & qu'il marmonnoit quelque chose autrement qu'il n'auoit accoustumé de faire en dormant : c'est pourquoy il le réueilla & luy demanda ce qu'il auoit. O que vous m'aués, respondit-il, fait perdre vn beau & agreable songe ! Car ie songeois que i'estois à Nismes, & qu'vn Orfevre m'y presentoit vne medaille d'or de Iules Cesar, qu'il me vouloit vendre quatre eſcus. Et comme i'eſtois preſt de les luy bailler, & mon Orfevre & ma medaille, parce que vous m'aués reſueillé, ſe ſont euanouïs enſemble. Arriué qu'il fut à Niſmes, & n'ayant pas oublié ſon ſonge, il s'alla promener par la ville tandis qu'on appreſtoit le diſner; & en allant çà & là il s'addreſſa à la boutique d'vn Orfevre, pour luy demander s'il n'auoit point quelque rareté. A quoy l'Orfevre reſpondit qu'il auoit vn Iules Ceſar d'or. Monſieur de Peireſc luy ayant demandé combien il le vouloit vendre, l'autre reſpondit, *quatre eſcus*, ce qui remplit l'eſprit de ce perſonnage & de joye & d'admiration, tant parce qu'il auoit trouué vne piece de cabinet qu'il deſiroit auec paſſion, qu'à cauſe de la façon ſurprenante dont elle luy venoit entre les mains. Ce troiſieme ſera encore de Ciceron dans le meſme liure. Annibal ayant pris Sagonte, s'imagina en dormant que Iupiter l'appelloit au Conſeil des Dieux : & qu'y eſtant allé, Iupiter luy auoit commandé qu'il portaſt la guerre en Italie, & qu'vn de cette aſſemblée marcheroit à la teſte de ſes gens. Qu'ayant commencé à marcher ſous la conduite de celuy-là qui luy auoit eſté donné pour guide, ce guide luy defendit de regarder derriere luy. Ce que n'ayant peu obtenir de soy-mesme, parce qu'il estoit transporté du desir de sauoir ce qui venoit apres luy, il vit à sa suite vne grande & horrible beste, toute enuironnée de serpens, qui s'entortilloyent autour d'elle, & qui par tout où elle passoit renuersoit sans dessus dessous & les toicts des maisons, & les arbres, & les arbustes, & vniuersellement tout ce qu'elle rencontroit. Estonné de ce spectacle il demanda au Dieu qui le conduisoit ce que ce monstre signifioit. A quoy il respondit que c'estoit le degast & la desolation de l'Italie, mais qu'au reste il marchast sans perdre temps, & qu'il ne se mist point en peine de ce qui arriueroit derriere luy. Ce dernier songe procedoit indubitablement de l'operation d'vn mauuais Ange; car iamais vn bon n'eust mis dans l'imagination d'Annibal l'idée d'vn Concile des faux Dieux. Mais vn Demon se seruit des images de ces fausses diuinitez, que leurs statuës auoyent laissées dans la memoire de ce Payen, & ioignit les autres choses necessaires pour la constitution de ce songe. Quant à ce qu'il predisoit de la desolation de l'Italie, c'estoit vne chose sur laquelle la conjecture d'vn demon pouuoit aisement aller, pour deuiner que si ce Capitaine Cartaginois suiuoit le conseil qu'il luy donnoit, & qu'il entrast dans l'Italie auec vne armée florissante & victorieuse comme la sienne, il y feroit d'espouuantables rauages. Et si l'euenement y a respondu, & passé mesmes au delà de ce que le demon en pouuoit conjecturer, c'est que Dieu en auoit ainsi ordonné dans le conseil de sa Prouidence. Le premier, comme il est recité par Ciceron, se peut rapporter & aux bons & aux mauuais Anges. Aux mauuais, parce qu'ils auoyent vn grand empire parmy les Payens, & qu'ayant eu bonne part au dessein de celuy qui auoit commis cet assassinat, ils en tiroyent, en le descouurant, deux signalés auantages. L'vn, qu'apres auoir fait tuer vn homme innocent, ils en faisoient mourir vn coupable, ce qui est vn grand plaisir pour l'ennemy du genre humain. Car il en aime la destruction, & qui le laisseroit faire, il dépeupleroit toute la terre. L'autre, qu'ils donnoyent par ce moyen quelque credit & quelque autorité aux songes de cette nature, qui paſſant pour extraordinaires & pour diuins, aidoyent à confirmer les hommes dans le reſpect qu'ils auoyent pour les diuinités à qui ils eſtoyent attribués. Aux bons auſſi. Parce qu'encore que Dieu laiſſaſt aller les Nations en leurs voyes, il ne les auoit pourtant pas abſolument abandonnées, eu egard aux ſoins de ſa Prouidence, de laquelle les Anges ſont les inſtrumens, & les executeurs de ſes volontés. Et bien que pour de bonnes raiſons il euſt permis le meurtre de ce poure Arcadien, c'eſtoit vn effect de ſa Prouidence, que de procurer la punition du meurtrier. Car c'eſt en grande partie par là que ſe conſerue la ſocieté des hommes, laquelle Dieu aime, & de l'entretenement de laquelle il a vn ſoin merueilleux. Pour ce qui eſt du ſecond, ie ne ferois pas grande difficulté de l'attribuer à quelque bon Ange, qui voulut par ce moyen temoigner, non pas ſeulement qu'ils conuerſent icy bas, quoy qu'inuiſibles, entre les hommes, mais qu'ils fauoriſent les grands perſonnages, & qui aiment les lettres & la vertu. Car d'imputer ce ſonge au hazard, c'eſt veritablement ce que ie ne penſe pas que l'on puiſſe raiſonnablement faire, non plus qu'aux cauſes de la Nature, dont nous auons parlé cy-deuant. L'auteur de la vie de Peireſc a raiſon de dire qu'à conſiderer toutes les parties de cette hiſtoire ſeparément, il n'y en a pas vne qui doiue paroiſtre fort merueilleuſe. La ville de Niſmes, dit-il, a peu venir dãs l'imaginatiõ de ce grand homme en dormant, veu meſme qu'il auoit deſſein d'y aller, & qu'il eſtoit preſt d'y arriuer. Il a peu ſonger en vne medaille de Iules Ceſar, car il eſtoit fort curieux de ces antiquités-là. Bien que les medailles de cette ſorte ſoyent aſſés rares, ce n'eſt pourtant pas choſe eſtrange qu'il s'en rencontraſt là vne telle, veu que Niſmes eſt vne ville où les Romains ont fort frequenté. Il eſtoit plus vraiſemblable qu'il s'en trouueroit chés vn Orfevre qu'ailleurs ; car ceux entre les mains de qui ces antiquités là tombent, aiment ſouuent mieux de la monnoye qui ſoit de miſe, & trouuent mieux à s'en défaire chés les Orfevres qu'ailleurs. Il a peu aiſément ſe faire, & que Peireſc ſongeaſt qu'il l'achetoit pour vn prix aſſés mediocre, & qu'vn Orfeve ſe contentaſt de quatre eſcus pour vne piece que les curieux de ces choses ne feroyent point de difficulté d'acheter vn beaucoup plus grand prix. Mais que tant de circonstances se rencontrent ensemble dans vn mesme songe, & qu'elles se rapportent toutes exactement aux circonstances de l'euenement, c'est ce qui surpasse & la rencontre du hazard, & les causes de la nature : de sorte qu'il le faut necessairement attribuer à quelque cause intelligente ; & chacun void que cela ne passe nullement la mesure de la puissance des Anges. Sçachans donc bien qu'à Nismes, entre les mains d'vn Orfevre, il y auoit vn Iules Cesar, dont ils auoyent veu & oui determiner le prix à quatre escus, ils en allerent mettre l'impression dans l'imagination de ce personnage. Au moins certes ne voy-je point de caractere en ce songe-là qui nous oblige necessairement à le rapporter aux mauuais Anges. Non plus, pour dire cela en passant, que celuy de Calpurnia, femme de Cesar, qui la nuit qui preceda immediatement la mort de son mary, songea qu'elle voyoit qu'on le tuoit à coups d'espée dans le Senat. Car il est bien vray que le recit qu'elle en fit, & les prieres

par

par lesquelles elle tascha de destourner Cesar d'aller au Senat ce iour-là, ne produisirent aucun effect. Mais les bons Anges peuuent bien donner quelques bons aduertissemens encore qu'on ne les suiue pas : & ce sont des témoignages du soin qu'ils ont de la conseruation de la vie des Princes, comme le mespris qu'on en fait est vne preuue de l'imprudence de ceux qui y ont interest. Il ne nous est pas rapporté dans l'Euangile quel fut celuy de la femme de Pilate, quand elle luy enuoya dire qu'elle le prioit de n'auoir rien à demesler auec nostre Seigneur Iesus Christ. Quel qu'il fust, il semble qu'il est indubitable qu'il estoit venu de l'impression d'vn bon Ange, bien que Pilate n'y defera pas. Mais c'estoit assés à l'Ange qui l'auoit formé dans l'imagination de cette femme, d'auoir par ce moyen fait rendre témoignage à l'innocence de nostre Sauueur. Cõment qu'il en soit, car ie ne voudrois pas faire vn article de foy de cette matiere, & chacun y peut vser de la liberté de son iugement, peut-estre que ce seroit bien fait de distinguer entre les songes que les Anges portent dans l'imagination des hommes par l'exprés commandement de Dieu, & ceux qui viennent de leur operation par sa permission seulement. Ceux-là doiuent estre plus efficaces, parce qu'ils sont destinés à l'execution de quelque dessein que Dieu a formé; c'est pourquoy il faut qu'il dispose les entendemens de ceux que ces visions-là concernent, à y deferer autant qu'il est necessaire pour faire que le dessein n'ait pas esté formé inutilemens. Ceux-cy ne venans sinon des bonnes inclinations des Anges, que Dieu leur permet de suiure & de faire paroistre en telles & en telles occasions, il n'importe pas qu'ils ne produisent pas l'effect auquel ils estoyent destinés par leurs auteurs, & ils en remportent assés de satisfaction d'auoir fait voir la bonne volonté qu'ils ont pour les hommes, & principalement pour ceux qui sont eminens en vertu ou en dignité.

Quant aux songes diuins, il y en a aussi de deux sortes. Car les vns contiennent les choses futures sous des representations enigmatiques & mysterieuses, & les autres sont beaucoup plus nuds & plus découuerts. Il y a des exemples fort illustres de la premiere ſorte dans l'hiſtoire de Ioſeph , tant en ceux qui luy furent enuoyés à luy meſme, pour luy predire ſa grandeur, qu'en ceux qui furent enuoyés à Pharao, pour l'aduertir des ſept années d'abondance & des ſept années de ſterilité. La ſtatuë que Nabucodonoſor vit en viſion eſt encore fort magnifique, comme la pierre coupée ſans mains, qui de petits commencemens deuint vne grande montagne, & remplit tout l'Vniuers. Il y a des exemples des autres dans l'hiſtoire de la naiſſance de noſtre Seigneur, tant aux ſonges qui furent enuoyés aux Sages, pour les aduertir de s'en retourner par vn autre chemin que par celuy où Herode les attendoit, qu'en ceux par leſquels il fut commandé à Ioſeph d'emporter noſtre Seigneur en Egypte, & de l'en rapporter auſſi quand il fut temps. Quant à la viſion de Iacob, qui luy fut addreſſée en ſonge lors qu'il alloit en Paddan-Aram, elle eſtoit meſlée des deux ſortes. Car l'eſchelle ſur laquelle les Anges montoyent & deſcendoyent, auoit ſans doute vne ſignification myſterieuſe, qui ſe rapporte à Ieſus Chriſt. Mais les paroles qu'il oüit contenoyent des promeſſes fort intelligibles, & qui n'estoyent enueloppées dans le voile d'aucuns enigmes ny d'aucunes telles representations. Et de ceux là, & de tous les autres songes diuins en general, on peut faire trois questions importantes. La premiere, pourquoy Dieu s'est autrefois reuelé par songes à ses seruiteurs. La seconde, comment ils ont peu reconnoistre qu'effectiuement c'estoit Dieu qui les leur enuoyoit, & que ce n'estoyent pas de vaines illusions. La troisieme, si l'vsage de cette revelation est absolument passé, & si Dieu ne s'en sert plus sous l'Economie de l'Euangile. Quant à la premiere de ces questions, l'Apostre dit que *Dieu ayant iadis à diuerses fois & en diuerses manieres parlé aux Peres par les Prophetes, a parlé à nous en ces derniers temps par son Fils.* Et là il oppose la Dispensation du Fils à la precedente, en trois choses La premiere, que Dieu a autrefois parlé aux Peres par les Prophetes, mais maintenant à nous par son Fils. La seconde, qu'il l'a iadis fait *à diuerses fois*, c'est à dire, qu'il a reuelé alors sa connoissance par degrés & comme par parcelles, adjoustant vne lumiere à l'autre de temps en temps : au lieu que maintenant il nous a reuelé tout d'vn coup ce qu'il vouloit que nous sceussions de sa verité, iusqu'à la consommation des siecles. La troisieme, qu'au lieu que maintenant il ne se reuele qu'en vne façon, à sçauoir par la Predication de la Parole, il l'a fait alors *en diuerses manieres*. Et ces diuerses manieres là se peuuent rapporter aux trois sortes de facultés desquelles i'ay dit cy-dessus que nous nous seruons pour acquerir & pour conseruer la connoissance des choses : à sçauoir les sens externes, les internes, & l'entendement. Et quant aux sens externes, Dieu s'est en cela peu serui de trois d'entr'eux, à sçauoir du toucher, du flairer & du gouster : mais il y a employé les deux autres. Car il a presenté aux yeux des choses visibles, tantost en apparence humaine, comme à Abraham & à Manoé, & à quelques autres ; tantost en autres choses, comme à Moyse dans le buisson ardent. Et pour le regard de l'ouïe, il a souuent fait ouïr des voix des cieux, comme à Abraham, & à Moyse encore dans le buisson, & en plusieurs autres rencontres. Pour ce qui est des sens internes, il les y a employés en veillant &

en dormant. En veillant, par les exstases qu'il a quelquesfois enuoyées à ses seruiteurs. Car alors il agissoit tellement en leur imagination par la vertu qu'il y desployoit, & y faisoit vne si grande & si puissante abstraction de leur esprit d'auec leurs sens exterieurs & corporels, que les fonctions en cessoyent, bien qu'ils ne dormissent pas. Et cependant il leur imprimoit dans la fantaisie les images de choses extraordinaires & admirables, & leur faisoit interieurement entendre des voix, qui leur donnoyent quelque instruction ou quelque commandement. On void vn bel exemple de cela en S. Pierre, quand il vit le linceul descendant du ciel, & qu'il ouït la voix *Tuë & mange*; car il estoit en exstase alors, & les choses que S. Iean nous rapporte en l'Apocalypse, luy ont esté ainsi reuelées. En dormant, par les songes, tels que sont ceux desquels i'ay des-ja parlé, & autres semblables. Et il y auoit peu de difference entre les reuelations addressées par les exstases & les songes, sinon qu'encore que de costé & d'autre il y eust cessation de fonctions des sens corporels, si est-ce que dans l'exstase elle n'estoit pas peut eſtre du tout ſi entiere que dans le ſommeil, & qu'elle procedoit d'vne autre cauſe. Car dans le ſommeil elle procedoit des cauſes naturelles d'où elle vient ordinairement : dans l'extaſe elle ſe faiſoit extraordinairement & miraculeuſement par la puiſſance de l'Eſprit de Dieu, qui retiroit l'ame de ſes ſeruiteurs des organes des ſens exterieurs, & empeſchoit qu'elle n'y deſployaſt ſon efficace. Quant à l'entendement, l'Eſprit de Dieu y agiſſoit en deux manieres. La premiere eſt qu'au lieu qu'ordinairement les connoiſſances que nous auons dans l'intelect, y entrent par le miniſtere des ſens, qui nous apportent les images des choſes ſenſibles, & par les ſenſibles les intelligibles, & nous fourniſſent l'occaſion de raiſonner, Dieu imprimoit alors dans l'eſprit des Prophetes immediatement les eſpeces intelligibles des choſes qu'il leur vouloit reueler, de ſorte qu'il les rendoit ſauans ſans l'entremiſe de leur ratiocination. Et il a reuelé vne infinité de choſes de cette façon à Moyſe entre les autres. La ſeconde eſt, qu'au lieu que nous ne nous portons naturellement & ordinairement aux grandes actions qu'apres vne attentiue consultation de nostre intellect sur la fin que nous nous y proposons, & sur les motifs qui nous y induisent, & sur les moyens par lesquels nous y pouuons paruenir, Dieu inspiroit quelquesfois à ses seruiteurs des mouuemens miraculeux & heroïques, par lesquels ils estoyent portés à des choses extraordinaires sans cette deliberation, & seulement parce qu'ils sentoyent que Dieu les incitoit par ces mouuemens. Tel fut celuy d'Ehud, quand il tua Eglon Roy de Moab; tel celuy de Phinées, quand il tua l'Israelite & la Madianite d'vn mesme coup; tel celuy de Dauid, quand il se resolut à combattre Goliath auec vne fronde. S'il y a eu quelques autres moyens dont Dieu se soit serui autrefois pour se reueler sous cette ancienne dispensation, comme la voix qui s'entendoit dans le Tabernacle, & les lumieres d'Vrim & de Tummim, ils se peuuent rapporter à ce que ie viens de dire brieuement, & mon dessein ne m'oblige pas à m'y estendre dauantage. Ie diray seulement en general, pourquoy il s'est serui de tous ces diuers moyens, & en particulier, pourquoy il y a employé les songes. Pour le premier, il faut considerer que l'Eglise, comme dit S. Paul, estoit alors en son enfance. Or il y a bien de la difference entre la maniere dont on instruit les enfans, & celle que l'on employe à enseigner les sciences & les disciplines à ceux qui sont en aage viril. Enuers ceux-cy on se sert de l'entremise de la voix seulement, ou s'il est besoin de faire quelques demonstrations à l'œil, on les fait simplement en des lignes, & en des figures de Mathematique, ou tout au plus on se contente de faire voir les objets & les experiences des choses sensibles, comme celles du vuide & de l'aymant. Et tout cela ne fait rien sinon fournir à l'entendement l'occasion de former ses raisonnemens. Mais quant aux enfans, parce que la faculté de raisonner est encore foible & imparfaite en eux, on se sert de medailles, d'emblemes, de representations, de figures hieroglyphiques, & d'autres tels artifices, iusques-là que depuis quelques années on a veu des cartes peintes, & pleines de figures emblematiques pour imprimer les reigles de la Logique dans l'esprit des ieunes enfans en ioüant. Et la raison de cela est, qu'outre que les hommes faits n'ont pas besoin de ces aides pour leur faire comprendre les disciplines, dont ils entendent fort bien les axiomes & les theoremes par la seule proposition qu'on leur en fait, ils ont aussi peu besoin de ces attraits pour les allecher à apprendre, parce que la beauté des choses mesmes est capable de les attraire assés efficacement. Au lieu que les enfans ont d'vn costé besoin qu'on leur face comprendre par la figure d'vn bœuf, ce que c'est qu'vn *estre reel*, comme on le voit en quelques tables philosophiques, & de l'autre, il les faut amorcer par ces gentillesses, parce que la difficulté des choses les rebuteroit, si on les leur enseignoit autrement. L'Eglise Iudaïque donques estant en cet estat là, ces diuerses manieres dont Dieu s'est serui pour l'enseigner, ont contribué quelque chose à luy faciliter l'intelligence de ce que Dieu vouloit qu'elle sçeust, & ont eu plus d'efficace à retenir son esprit en le surprenant, & en luy donnant de l'admiration, parce qu'elles estoyent rares & miraculeuses, que s'il luy eust fait dire les choses à descouuert & tout nuëment. I'ay dit expressément, ce que Dieu vouloit qu'elle sceust, parce que quelquesfois ces choses-là ont eu vn vsage different. Car l'institution des types, pour exemple, & les representations symboliques des choses à venir, & les visions admirables qui ont esté enuoyées aux Prophetes pour en donner les predictions, ont assés souuent serui de voile pour obscurcir l'intelligence des choses qui ne deuoyent estre interpretées sinon par les euenemens. Pour le secõd, puis qu'il a pleu à Dieu employer tous ces moyens pour se reueler & à ses Prophetes, & par ses Prophetes aux autres hommes, autrefois, il n'y a point de raison pourquoy il en eust exclus les songes. Mais il y a cecy de particulier pour eux. C'est qu'encore qu'il y ait beaucoup de vanité dans les songes ordinaires, & que dans ceux-là mesme qui procedent de l'operation des Anges, il y ait bien souuent beaucoup d'incertitude & d'ambiguité, & que quelques Philosophes, comme Aristote entre les autres, n'estiment pas qu'il en faille tenir aucun conte pour ce qui est de la diuination, si est ce que ç'a toûjours esté vn sentiment presque vniuersel de toutes les nations, que la Diuinité se cõmuniquoit aux hommes principalement par les ſonges. Homere en attribuë quelques-vns à ſon Iupiter : Les Stoïques ont tenu qu'il y en a qui ſont tout à fait diuins : Platon en parle de meſme en quelques endroits : & ſur tout dans les pays orientaux cette opinion auoit vne merueilleuſe vogue. De ſorte que c'eſt principalement en ces regions-là que l'on a reduit l'interpretation des ſonges en art, & qu'on en a fait des reigles. Parce donques que le peuple d'Iſraël eſtoit imbu d'vne ſemblable opinion, Dieu a voulu luy enuoyer des ſonges qui fuſſent effectiuement diuins, afin de l'attacher à ceux-là, & de le diuertir de la vanité à laquelle les autres nations ſe laiſſoyent aller à l'égard des autres. Et de plus, il eſt bien vray que la plus naturelle maniere de donner la connoiſſance de quoy que ce ſoit, & meſmes de la Diuinité, aux hommes, eſt, ou de leur preſenter quelques choſes viſibles, qui leur fourniſſent le moyen de raiſonner, & de monter de la conſideration des effects à l'intelligence de la nature de la cauſe, comme cela s'eſt fait dans la diſpenſation de la Nature; ou de leur dire quelques choſes, & de leur annoncer des verités par l'entremiſe de la parole, comme cela ſe fait ſous la diſpenſation de l'Euangile de Chriſt. C'eſt pourquoy S. Paul ioint ces deux economies quand il dit, que *puis qu'en la ſapience de Dieu le monde n'a point connu Dieu par ſapience, le bon plaiſir de Dieu a eſté de ſauuer les croyans par la folie de la predication.* Mais pour eſtre inſtruit de cette façon-là, il faut de la clarté & de la force d'entendement, plus que les hõmes n'en ont d'ordinaire en leur enfance. De ſorte que l'Egliſe eſtant alors en cet aage-là, il la faloit inſtruire d'vne autre façon. Or de toutes ces manieres qui y ont eſté employées, il n'y en a point vne qui y fuſt plus propre ny plus commode que les ſonges. Car comme diſoit Platon, quand vn homme qui a l'eſtomach plein de vin & de viandes, vient à s'endormir, c'eſt vne choſe certaine qu'il eſt fort mal propre pour receuoir la communication de la Diuinité, & que les viſions qui ſe forment en ſa fantaiſie ſont extremement obſcures, confuſes & turbulentes. Mais quand vn honneſte homme, & qui vit auec beaucoup de temperance, s'eſt endormi, & qu'apres la concoction des alimens qu'il a pris, il ne luy monte plus du tout de fumées en la teste, & que ses humeurs sont paisibles & tranquilles, & son imagination comme vne eau calme & & limpide, ou comme vne glace de miroir, alors sequestré qu'il est tout à fait des choses de la vie presente & du commerce des sens, il est extremement propre à receuoir l'impression des choses diuines. Et c'est pourquoy Dieu mesme declarant de quelle façon il se reuelera aux Prophetes qu'il suscitera parmy son peuple d'Israël, il dit que cela se fera *par visions ou par songes*.

Pource qui est de la seconde question, auant que de la decider il faut que i'aduertisse d'vne chose. Quand i'ay distingué les songes en trois classes, & que i'ay mis dans la seconde ceux qui procedent de l'operation des Anges, & dans la troisiéme les diuins, voicy comment i'ay entendu faire ma distinction. Entre ceux qui peuuent proceder de l'operation des Anges, il y en peut auoir de diuins en ce que c'est Dieu qui non seulement a permis, mais qui peut-estre mesmes a commandé qu'ils en donnassent l'impression. Mais ie les attribuë simplement aux Anges, comme ceux dont i'ay proposé les exemples, parce que ny la formation des images esquelles ils consistent, ne passe point leur vertu, ny la connoissance de la chose que ces images representent, n'est point au delà de leur intelligence naturelle, ny de la viuacité de leurs coniectures & de leur diuination. Car il est certain que leur nature spirituelle, la longue experience qu'ils ont des choses, la connoissance qu'ils ont des secrets de la Nature & des inclinations de l'esprit humain, auec diuerses autres aydes que nous n'auons pas, les font penetrer beaucoup plus auant que nous dans la science des choses futures. Entre ceux que i'appelle diuins il y en a encore qui consistent en certaines images dont la formation n'est pas non plus au dessus de l'efficace des Anges. Mais ie les ay nommés diuins, parce que soit que Dieu ait employé les Anges pour les enuoyer, ou qu'il les ait formés immediatement luy-mesme, tant y a que les choses que ces images signifioyent, passoyent de si loin la portée naturelle de l'intelligence des Anges, qu'il estoit absolument impossible qu'ils y atteignissent sans vne particuliere reuelation. Car bien qu[e] leurs connoissances, à les comparer aux nostres, sont admirables, & que leur veuë va bien loin, si est-ce qu'elle est bornée, & encore bornée de telle sorte, qu'ils ne voyent ny bien auant, ny bien certainement dans l'aduenir. Ceux-là donques doiuent estre reputés venir de Dieu, qui par quelque messager qu'ils ayent esté enuoyés, contiennent des choses telles qu'il n'y a que Dieu seul qui les puisse auoir cõnuës & reuelées. Pour donques retourner à mon propos, on peut bien affirmer hardiment, & que ces songes ont eu des marques par lesquelles on a recõnu qu'ils estoyent diuins, & que mesmes il estoit necessaire qu'ils en eussent, quand bien on ne sauroit pas certainement en quoy ces marques-là consistoyent. Qu'ils en ont eu premierement. Car toutes ces autres manieres esquelles Dieu s'est reuelé aux hommes, & dont nous auons parlé cy-dessus, ont esté comme caracterisées chacune de sa marque particuliere, par laquelle elle a esté discernée d'auec toutes les autres choses dont la comparaison ou la ressemblance qu'elles auoyent auec elles, pouuoit faire douter qu'elles fussent venuës de Dieu. Les voix qu'Abraham,

pour

par exemple, a entenduës, ont eu quelque chose qui les a distinguées des autres voix qui pouuoyent estre formées par le ministere des mauuais Anges, & principalement celle par laquelle Dieu luy commanda de sacrifier son Fils. Ce commandement estant si contraire à ses affections naturelles, & mesmes ayant l'apparence d'vne barbarie inouïe, & d'vne cruauté sans exemple, comment est-ce que ce saint homme eust peu estre induit à se resoudre à l'executer, s'il n'eust eu quelque marque si certaine que c'estoit Dieu qui le donnoit, qu'il ne peust estre imputé à aucune autre cause? La vision addressée à Moyse au buisson, pour l'induire à entreprendre la deliurance d'Israël hors de l'Egypte, & son introduction dans la terre de Canaan, a deu estre signalée de mesme. Car comment est-ce qu'il eust peu se resoudre à vne si haute entreprise, & qui auoit de si grandes difficultés, s'il n'eust esté bien persuadé que c'estoit Dieu qui luy promettoit de les luy faire surmonter? La vision addressée a S. Pierre, ne deuoit pas estre moins reconnoissable, pour l'obliger à commencer la predication de l'Euangile entre les Gentils, chose cõtre laquelle les Iuifs auoyent vne tres-grande auersion. L'impression des especes intelligibles des choses dans l'entendement de Moyse, & de Dauid, & de Salomon, & de quelques autres encore, ont deu pareillement auoir quelques signes par lesquels elles se persuadassent pour des verités diuines, autrement ces grands personnages ne les eussent pas debitées comme telles auec vne si grande confiance, & n'en eussent pas en leur particulier receu tant de satisfaction. Enfin, les mouuemens heroïques qui ont porté Ehud & Phinées aux actions que l'histoire Sainte nous recite d'eux, ont deu estre merueilleusement sensibles & reconnoissables, autrement ils ne se fussent iamais laissés aller à faire des choses qui eussent esté punissables, & mesmes en quelque sorte horribles deuant Dieu & deuant les hommes, si elles n'eussent esté precedées d'vn commandement diuin. Les songes donques, ont aussi sans doute eu leurs marques, pour se faire discerner d'auec les illusions nocturnes qui viennent ou de l'impression des mauuais Anges, ou des causes de la Nature, comme ie les ay touchées cy-deuant. Et ils en ont deu auoir par les mesmes raisons que i'ay alleguées à l'occasion des autres choses precedentes. Car quand Dieu commanda en songe à Ioseph de transporter Iesus en Egypte, ces pensées luy pouuoyent venir en l'esprit. Peut-estre que c'est vne vaine imagination, & vn vain fantosme de ma fantaisie, qui n'a point de fondement en la verité. Peut-estre que la sollicitude en laquelle ie suis continuellement pour la conseruation de ce miraculeux petit enfant, m'a mis dans l'ame cette idée, qu'on le veut faire mourir, encore qu'on n'y pense pas. Peut-estre que c'est quelque malin esprit, ou qui prend plaisir à me donner de vaines terreurs, ou qui me veut inciter à tirer cet enfant d'icy, afin que sur le chemin il luy dresse plus aisément des embusches. En vn mot, diuerses choses semblables luy pouuoyent passer dans l'entendement, & le mettre dans vne grande incertitude de la resolution qu'il auoit à prendre sur ce commandement. Et neantmoins il paroist par l'histoire qu'il n'y a point du tout hesité, ce qui monstre qu'il y auoit vne merueilleuse efficace de persuasion dans ce songe. Quand donques nous ne pourrions pas maintenant deuiner d'où cette efficace de perſuaſion dependoit, il doit pourtant paſſer pour indubitable qu'elle dependoit de quelque choſe bien forte & bien determinée. Mais il faut rechercher ce que c'eſtoit, & c'eſt proprement à cela que cette meditation eſt deſtinée.

Puis qu'il n'y a que de trois ſortes de ſonges: ceux que les cauſes naturelles produiſent; ceux qui procedent de l'operation des Anges; & ceux que i'appelle diuins, le plus court chemin pour venir à la connoiſſance de cette verité, ſera de monſtrer qu'ils n'ont peu eſtre ny du premier ny du ſecond rang; car il s'enſuiura neceſſairement de là qu'ils doiuent eſtre du troiſiéme. Quant aux ſonges naturels, il me ſemble qu'il eſt bien aiſé de les diſtinguer d'auec ceux qui ſont de l'impreſſion diuine. Car i'ay dit qu'il y en a de quatre ſortes, dont les premiers dependent du temperament & de la conſtitution des humeurs: les autres n'ont autre cauſe que le remuëment des images des choſes qui ſe fait par la chaleur du ſommeil: les autres viennent de l'attentiue application d'eſprit que l'on apporte à quelque choſe en veillant: & les derniers, de quelque passion de l'ame sensitiue, qui se réueille ou qui s'excite pendant le repos des sens. Or, pour exemple, à laquelle de ces causes pourroit-on rapporter les songes de Ioseph ou ceux de Pharao ? Quelle marque portent-ils du temperament de leurs corps, ou de la constitution de leurs humeurs ? Quelles idées des choses leur pouuoyent estre demeurées dans la memoire, qui ayent peu si bien s'adiuster que de voir; l'vn, le nombre des gerbes & des estoiles qu'il vit, & le Soleil & la Lune, & leurs inclinations deuant luy ; l'autre, le nombre des espics vuides & des espics grenus, des vaches grasses & des vaches maigres, & l'action de celles-cy qui engloutirent les autres ? Quel si grand attachement pouuoyent auoir leurs esprits à quelques occupations & à quelques soins, que cela leur peust mettre dans l'ame de telles representations en dormant ? Quelle passion se pouuoit émouuoir dans la Colere ou dans la Conuoitise en eux, qui leur peust configurer des fantosmes de cette nature ? Il y a plus. Les songes qui viennent de quelcune de ces causes sont toûjours irreguliers, & composés de pieces qui ne s'accordent pas bien les vnes aux autres, de sorte que d'ordinaire il n'y a rien de plus bizarre ny de plus extrauaguant. Or ceux de Ioseph & de Pharao, & la statuë de Nabucodonosor, & s'il y en a quelques autres de mesmes en l'Escriture, sont si admirablement bien composés, qu'il paroist qu'ils ont esté ainsi adjustés par quelque cause tres-intelligente. Les songes qui procedent de ces causes naturelles sont obscurs, & ne se presentent à nos esprits en dormant sinon fort confusément, de sorte que nous n'y remarquons rien de distinct, ou si l'vne de leurs parties a quelque netteté & quelque distinction, les autres sont perplexes & embarassées. Au lieu que ces songes qui nous sont rapportés en l'Ecriture, sont non seulement nets, mais lumineux, & à les considerer en leur tout, & à les regarder en leurs parties. Les songes naturels font si peu d'impression sur nos esprits, que la plus part du temps, lors que nous sommes éueillés, nous ne nous en souuenons pas: au lieu que les diuins demeuroient fermement & constamment attachés dans la memoire. Car quant à ce qui est rapporté de Nabucodonosor, qu'il auoit oublié son songe, & qu'il falut que Daniel le luy remist dans l'esprit, cela est arriué par vne particuliere dispensation de la prouidence & de la puissance de Dieu, qui luy osta les idées de ses visions hors de l'esprit, afin de rendre la sapience de Daniel plus admirable. Du reste, ce Prince se souuenoit fort bien qu'il auoit songé, & l'inquietude que luy donnoit son songe, le desir passionné qu'il auoit de le rappeller, la façon de laquelle il se gouuerna enuers ses deuins, & tout ce qu'il fit en cette occurrence, monstra bien que cette vision luy tenoit merueilleusement au cœur, & que mesmes en dormant il y auoit remarqué quelque chose de singulier & de tout à fait extraordinaire. Si au matin nous nous souuenons de ces songes que les causes naturelles produisent en nous, nous les mesprisons, & n'en tenons point de conte non plus que de pures bagatelles. Au lieu que ceux à qui Dieu enuoyoit de telles visions, non seulement s'en souuenoyẽt tres-distinctemẽt, mais ils les auoyent perpetuellement deuant les yeux de l'esprit, quand ils estoyent reueillés, & les consideroyent comme des aduertissemens diuins, dont l'interpretation ou l'euenement les tenoit dans vne merueilleuse attente. Quand les songes qui procedent des causes de la nature, ont fait quelque impression sur nos esprits, de sorte qu'ils nous tiennent en quelque suspens au matin, comme cela arriue quelquesfois, nous pratiquons ordinairement deux choses. L'vne est, que nous faisons vne attentiue reflexion dessus, & les retastons auec soin, & les considerons dans tous leurs tenans & dans tous leurs aboutissans, & enfin nous trouuons que ce n'est qu'vne vanité, & qu'ils ont esté produits par quelcune de ces causes que nous appellons naturelles, & ainsi nous nous deliurons de l'inquietude qu'ils nous donnoyent. L'autre est, que si nous ne pouuons ainsi nous en défaire tout à fait, nous en faisons comparaison auec les reelles & veritables operations que nos sens produisent alors en veillant, & dans cette comparaison, toutes les impressions que nos songes ont faites sur nos esprits, s'éuanouïssent. Car il en est à peu prés de cela comme de la comparaison des choses qui se representent sur le theatre, auec celles qui arriuent effectiuement. Tandis que l'on void iouër vne tragedie, on en sent quelque émotion, iusques à espandre des larmes. Mais cela touche seulement la superficie de l'ame, & cette émotion ne dure point. Ou si elle demeure quelque peu de temps, ce n'est rien au prix de celle que cause la veuë reelle & des passions, & des actions, & des meurtres qui se découurent & qui se commettent actuellement en nostre presence. Dans les songes diuins il en estoit tout au contraire. Car si ceux à qui ils auoyent esté enuoyés venoyent tant soit peu à hesiter sur la creance de leur diuinité, & qu'ils se missent à les examiner attentiuement; plus ils les consideroyent, & plus ils les trouuoyent extraordinaires & merueilleux. Et quand ils venoyent à en faire comparaison auec les operations de leurs sens, ils trouuoyent, ce qui les rauissoit en admiration, que celles-cy estoyent moins vrayes, &, s'il faut ainsi dire, moins reelles. Ie veux dire que ces diuins songes faisoyent vne plus forte & plus constante impression sur les esprits de ceux qui les auoyent receus, & qu'ils estoyent plus persuadés de leur diuinité, que nous ne le sommes de la realité de l'operation de nos ſens, quand ils ſe deſployent en veillant ſur les objets qui ſe preſentent. Et la raiſon de cela n'eſt pas malaiſée à rendre. Ce qui nous fait ſentir & croire que nos ſens agiſſent effectiuement, c'eſt que les eſpeces des choſes ſenſibles qui les touchent, paſſent dans le ſens commun, qui eſt vne faculté ſuperieure aux ſens exterieurs & corporels, de ſorte qu'elle peut iuger de leurs actions, & des choſes qui s'y impriment. Elle peut meſme comparer l'action de l'vn des ſens exterieurs auec l'operation d'vn autre, & mettre leurs objets en paralelle, & en conferer les proprietés & les qualités. Et le iugement qui reſulte de cela depend, tant de l'impreſſion que l'objet fait dans l'organe du ſens exterieur & particulier, ſelon qu'elle eſt ou plus ou moins vehemente; que de la nature du ſens interieur & commun, qui eſt vne faculté corporelle, & vne puiſſance de cette partie de l'ame qu'on appelle ſenſitiue, de laquelle les chiens & les cheuaux & les autres animaux ſont participans. Quant aux ſonges diuins, l'impreſſion s'en eſt à la verité faite dans la fantaiſie, qui eſt auſſi vne faculté corporelle, parce que c'eſt vn des ſens interieurs. Mais la reflexion que les ſeruiteurs de Dieu ont faite deſſus en veillant, a eſté vne operation de leur intellect; qui eſt vne faculté beaucoup plus lumineuſe & plus iuſte en ſes operations, & qui encore, dans les Prophetes, & dans les autres fidelles à qui ces ſonges eſtoyẽt addreſſés, eſtoit illuminée de l'eſprit de Dieu, pour bien iuger de l'objet qu'il conſideroit auec vne application attentiue. L'impreſſion donques de ces ſonges eſtant beaucoup plus profonde en la fantaiſie, parce qu'elle venoit d'vne cauſe ſurnaturelle, que n'eſt celle que font les objets ſenſibles en nos ſens exterieurs, & la faculté qui en conſideroit attentiuement & le tout & les parties, & les circonſtances dont ils eſtoyent accompagnés, eſtant beaucoup plus excellente & plus exacte en ſes iugemens que ne peut eſtre le ſens commun, ce qui en a reſulté a deu eſtre plus parfait à proportion, & la perſuaſion de la diuinité de ces viſions, plus certaine & plus profonde. Pour ce qui eſt des ſonges qui ont peu proceder de l'operation des Anges, ils ſont à la verité plus malaiſés à diſtinguer d'auec les diuins. Car ils ont peu eſtre formés plus regulierement que ceux que les causes naturelles ont produits, ils ont peu estre plus fortement imprimés dans l'imagination, ils ont peu y demeurer plus attachés, de sorte qu'on s'en ressouuenoit mieux quand on estoit eueillé; en vn mot, ils ont esté beaucoup plus capables de persuader qu'ils venoyẽt d'vn principe extraordinaire. Car l'intelligence des Anges y paroissoit manifestement, tant en l'arrangement des parties des songes, où il y auoit de la symmetrie & de l'art, qu'au rapport qu'ils auoyent auec les choses à la representation desquelles ils estoyent destinés; comme nous l'auons veu cy-dessus en l'exemple du songe de l'œuf & du tresor, auquel on en pourroit adjouster beaucoup de semblables. Neantmoins, il se faut icy souuenir de ce que i'ay dit cy-dessus, qu'il y a bien de la difference entre les songes dont les Anges peuuent auoir esté les seuls auteurs, parce que ce qu'ils contenoyent, & en quoy ils consistoyent, ne passoit pas la portée de leur intelligence ny de leur actiuité; & ceux dont ils n'ont esté que les instrumens seulement, pour en former les images dans la fantaisie des seruiteurs de Dieu, selon le commandement qu'il leur en auoit fait, & selon la reuelation qu'il leur auoit donnée de ses volontés. Car quant à ces premiers, la comparaison qu'on en faisoit, en pouuoit faire connoistre la difference. Et cette comparaison là se pouuoit faire principalement à l'egard de ces deux choses. La premiere, que les images que les bons Anges imprimoient dans la fantaisie en dormant, ne tenoyent iamais rien de l'idolatrie ny de la superstition des Payens, au lieu que celles dont les mauuais Anges estoyent auteurs, en estoyent remplies. Car il y auoit toûjours ou quelques representations des faux Dieux, ou quelque chose qui concernoit le culte qu'on leur rendoit, ou quelque autre vision de cette nature, qui marquoit que l'auteur du songe vouloit autoriser l'idolatrie & la superstition. Ce qui estoit infiniment eloigné des inclinations des bons Anges. La seconde, que les songes imprimés par les mauuais Anges, induisoyent toûjours, ou au moins certes ordinairement, à quelques mauuaises actions, ce que les bons ne font iamais, & comme ils sont exempts de la tentation au mal, aussi n'y tentent-ils iamais les autres. Ce qu'il y pouuoit auoir d'ambigu & de difficile en ce discernement, c'est que là, aussi bien qu'ailleurs, les Anges de tenebres se pouuoyent transfigurer en Anges de lumiere, & tascher d'imposer à la credulité des fideles, en leur donnant des songes dont les images & la formation ne tinssent rien de ce vice dont nous auons desia parlé, & qui portassent à des actions indifferentes en elles-mesmes, ou qui eussent l'apparence d'estre bonnes, mais dont ils peussent abuser à quelque mauuais dessein. Et le songe enuoyé à Ioseph pour luy commander d'emporter Iesus Christ en Egypte, peut icy seruir d'exemple : car, comme i'ay dit, il pouuoit venir en l'entendement de Ioseph, que c'estoit vne illusion du Malin, qui leur vouloit dresser des embusches. Sur cela il y a diuerses considerations à faire. La premiere est, que quelque rusé que soit le Diable, il ne se contrefait iamais si bien, qu'il ne luy eschappe quelque chose par laquelle il se fait connoistre. On dit que lors qu'il apparoist visiblement en figure humaine, quelque soin qu'il apporte à se déguiser, il y a tousiours quelque chose dans le fantosme qui le descouure, soit en l'horreur de ses griffes, soit en la puanteur de son odeur, soit en quelque autre telle chose, qui s'apperçoit incontinent, & qui rend l'apparition effroyable. Si cela est, ie n'en sçay rien, & ne le voudrois pas affirmer, quoy qu'il n'est pas sans apparence. Mais quant à ce qui est de ses actions, & des moyens qu'il employe pour tromper les hommes, soit par songes, soit par voix, ou par quelques autres illusions, ny sa propre malice, ny la Prouidence de Dieu ne permettent pas qu'elles soyent si absolument semblables aux actions des bons Anges, qu'il n'y ait aucune marque par laquelle on les puisse discerner. Et ce que i'ay dit cy-dessus à l'occasion du songe de l'Arcadien, est fondé sur la seule relation que Ciceron nous en a faite. S'il nous auoit esté rapporté tout entier, & dans toute l'exactitude de ses circonstances, i'y aurois sans doute trouué quelque chose qui m'auroit aisement fait iuger s'il doit estre attribué à vn bon Ange, ou à vn mauuais. C'est pourquoy i'ose dire hardiment que si ce songe enuoyé à Ioseph fust venu de l'esprit malin, il y eust eu quelque chose de plus que ce qui nous en est rapporté, & par où ce saint homme eust aisément reconnu qu'il n'estoit pas venu d'vne bonne inspiration. La seconde consideration est, que non seulement les songes dont le malin est auteur, ont necessairement quelque caractere d'où on peut conclurre leur origine, mais aussi ceux qui viennent de l'operation des bons Anges en ont sans doute quelque autre contraire, d'où on infere leur auteur. Car naturellement tout effect à quelques marques de sa cause. Le feu en laisse où il agit, & l'eau là où elle passe. Les bestes en impriment dans leurs operations, & les natures intelligentes, comme sont les hommes, dans les leurs, & generalement toutes sortes de productiõs ont en elles quelques indications de la nature des choses d'où elles ont tiré leur origine. Et plus les causes sont excellentes, plus sont elles reconnoissables dans leurs effects, si ce n'est que de propos deliberé elles corrompent leur action, & qu'elles se vueillent déguiser, comme quand Dauid contrefit le fol ; ce que ne font iamais les Anges. D'où ie conclus que puisque ç'a esté vn bon Ange qui par le commandement de Dieu a apporté celuy-là celuy-là à Ioseph, (car l'Escriture en atteste ouuertement,) il est sans doute qu'il estoit accompagné de quelques argumens bien euidens de la nature de sa cause. En effect il est dit premierement qu'vn Ange du Seigneur *apparut* à Ioseph *en songe*; puis apres qu'il parla à luy disant, *Leue-toy, & pren le petit enfant & sa mere, & t'enfui en Egypte, & demeure là iusques à tant que ie parle à toy: Car Herode cherchera le petit enfant pour le faire mourir*: où il y a l'apparition, & puis le commandement, & enfin, la raison qu'il en alleguoit. Quant à l'apparition, elle n'a peu se faire sinon en quelque image qui paroissoit visible, & qui representoit la nature Angelique symboliquement. Car estant spirituelle & immaterielle comme elle est, elle ne se pouuoit autrement representer à ce sainct homme. Or qui peut douter que cette image-là auoit quelque chose de si splendide & de si radieux, qu'en la voyant dans le sommeil, & en s'en ressouuenant apres qu'il fut éueillé, Ioseph fut tousiours également raui en admiration de sa magnificence? Et quelque effort que l'Ange de tenebres peust faire pour imiter l'éclat d'vne telle vision, pourroit-il approcher de la gloire de l'apparition d'vn messager de l'Eternel, qui apporte ses cõmandemens aux humains, & qu'il a pour cet effect decoré de quelque rayon de sa majesté celeste ? Pour ce qui est du commandement, il ne se pouuoit donner que par l'entremise d'vne voix, que Ioseph, en dormant, s'imagina d'oüir, comme il s'imaginoit de voir vn Ange enuironné de lumiere. Et ie ne diray pas icy que les voix des hommes ont de telles marques de difference les vnes d'auec les autres, qu'il est arriué à des aueugles, comme les historiens en témoignent, de reconnoistre vn homme dans la confusion de beaucoup d'autres, aux seuls caracteres de sa voix, bien qu'il ne l'eussent ouïe qu'vne fois. Peut-estre qu'on me repliqueroit à cela, que ces aueugles auoient souuent ouï parler d'autres hommes, ce qui les conduisoit à faire ce discernement : au lieu que possible Ioseph n'auoit-il iamais auparauant ouï la voix ny des bons ny des mauuais Anges, & qu'ainsi il ne les pouuoit pas comparer ensemble. A quoy l'on pourroit encore adjouster qu'autre est la voix reelle & naturelle des hommes, & autre celle que les Anges forment seulement par representation dans l'imagination d'vn homme qui dort. Ie diray seulement que comme l'image de l'Ange auoit quelque chose de particulier en sa majesté & en ses rayons, sa voix auoit aussi dans son ton, & dans la nature de son articulation, quelque chose de singulierement auguste. Tellement que comme vn demon n'eust iamais peu arriuer à faire de soy-mesme vne idée qui approchast de la magnificence de celle-là, il ne pouuoit non plus representer de voix qui égalast la majesté & l'autorité de celle de ce bon Ange. En fin, la raison du commandement est souuerainement remarquable. Car desia ç'eust esté vne chose estrange que le Malin se fust mis en soin de la conseruation de la vie d'vn enfant, de la naissance duquel, à voir les merueilles qui l'accompagnoyent, il ne pouuoit attendre sinon la ruine de son empire. Il est meurtrier dés le commancement, & s'il pouuoit il esteindroit dés le berceau tous les enfans qui viennent au monde, si ce n'est qu'il preuist de quelques vns qu'ils y viennent pour la ruine du genre homain, comme les Nerons & les Caligules. Et puis, veu que si le petit enfant Iesus estoit en quelque peril, c'estoit sans doute sous la domination d'Herode, qui naturellement estoit cruel, qui auoit plus de sujet de craindre quelque chose de la naissance de cet enfant qu'aucun autre Potentat, & qui auoit vn pouuoir absolu dans ces quartiers-là, si le Diable eust eu dessein d'abuser Ioseph de quelques illusions, l'eust il induit à se tirer du lieu où il estoit pour s'en aller en vn autre ? En quel lieu pouuoit-il plus esperer de dresser ses embusches auec succés contre Iesus Christ, qu'en celuy où il estoit, par maniere de dire, entre les ongles d'vn lion, ou dans la cauerne d'vne beste furieuse ? La troisieme consideration est, qu'il paroist manifestement que Ioseph fut viuement persuadé de la diuinité de cette vision, puis que sans aucune deliberation, aussitost qu'il fut éueillé, il se leua, & prit l'enfant, & s'enfuit en Egypte. Iamais les songes qui nous viennent des seules causes de la nature, ne nous portent à aucune action, & nous craindrions qu'on nous tint pour fols, si nous entreprenions quelque chose de tant soit peu important à la sollicitation d'vn songe. Les songes mesmes qui peuuent auoir quelque chose de plus vif& de plus efficace que les naturels, & qui à cette occasion peuuent estre attribués à quelque esprit, donnent bien de l'inquietude & de l'esperance ou de l'apprehension, mais n'induisent iamais à prendre aucune resolution en choses de consequence, si ce ne sont des esprits melancoliques,& des cerueaux mal timbrés. Il faut donc necessairement, puis que Ioseph, qui estoit vn homme sage, s'est porté si prontement à l'execution de ce commandement, qu'il ait esté tres-certainement persuadé qu'il estoit de reuelation diuine. Car quand Iesus eust esté son enfant, il n'eust pas voulu prendre vne telle resolution legerement. Beaucoup moins certes l'eust il fait estant question de celuy duquel il auoit eu l'honneur d'estre choisi depositaire. Or toute telle persuasion vient necessairement de l'vne de ces deux choses. Ou bien l'entendement trouue d'abord dans son objet des argumens si irrefragables de sa verité, qu'il n'y reste aucun lieu à la deliberation, & qu'il se determine absolument de ce costé là ; ou quand ces argumens ne seroient pas du tout si clairs & si puissans que de forcer ainsi l'intellect à embrasser cet objet, Dieu, par la puissance incomprehensible de son esprit, le determine si efficacement de ce costé-là, qu'il est impossible qu'il y resiste. Ce dernier est le moins ordinaire en la conduite de Dieu. Mais quand il arriue, c'est vne preuue indubitable que l'objet dont il s'agit est veritable & diuin. Car il n'y peut auoir que Dieu qui domine ainsi dans l'entendement d'vn homme sage & vertueux, & qui l'encline ainsi puissamment & sans resister à vne creance & à vne resolution, encore qu'il ne voye pas dans son objet des raisons tout à fait proportionnées à l'effect qu'il sent en son ame. Tellement que si Ioseph a esté porté de cette façon-là à l'execution de ce commandement, il a eu dans ses propres mouuemens, & dans la determination extraordinaire de son entendement, vne preuue tres-euidente de la diuinité de son songe. Le premier est sans doute le plus ordinaire & le plus naturel. Car ce qu'est l'aymant au fer, cela mesme est la verité à l'intellect ; qui s'y porte auec vne extreme rapidité, & s'y attache inseparablement, s'il la void tres-clairement, & par des demonstrations euidentes & irrefutables. Si donc Ioseph a esté persuadé par ce moyen-là, il a des yeux de son entendement veu de telles marques de la verité & de la diuinité de son objet, qu'il l'a creu plus certainement, que les choses corporelles qui se presentoyent à ses sens, ne luy estoyent reconnoissables.

Quant aux songes dont les Anges ont peu estre les instrumens, mais dont ils n'ont absolument peu estre les auteurs, ils ont esté merueilleusement aisés à distinguer d'auec tous les autres. Car outre que comme i'ay desia dit, tout effect tient de la nature de sa cause, & que les causes les plus excellentes s'impriment admirablement dans leurs effects, de sorte que soit mediatement, soit immediatement que Dieu enuoyast ces songes, tant y a qu'ils deuoyent porter quelque indice indubitable de la puissance de Dieu, vne seule chose estoit capable de les tirer sans difficulté hors du pair de tous les autres: c'est qu'ils contenoyent des choses qui passoyent la portée de l'intelligence des hommes. Dans l'entendement de qui pouuoit-il tomber que Ioseph paruiendroit à cette grandeur que ses songes luy ont promise ? Quelle intelligence creée pouuoit deuiner qu'il y auroit en Egypte sept années de fertilité & d'abondance, & en suite sept autres années d'vne espouuantable sterilité, comme Pharao le vit dans les siens ? Car ie veux que les Anges ayent beaucoup de connoissance des causes de la nature, deux si notables euenemens, si reiglés & si constans, chacun pour l'espace de sept ans, pouuoyent-ils estre penetrés, enueloppés qu'ils estoyent si obscurément & si auant dans les replis d'vne Prouidence tout à fait particuliere ? Quel entendement humain, ou quelle clairuoyance Angelique pouuoit descouurir & la suite, & la dissemblance, & la durée, & la fin de tous ces empires qui sont continués les vnes dans les autres dans la statuë de Nabucodonosor ? Quelle conjecture pouuoit arriuer à deuiner ce que presageoit la pierre coupée sans mains, & ce qu'elle deuoit & faire & deuenir, comme la mesme vision de Nabucodonosor le represente ? Et s'il faut icy dire quelque chose de la vision de Iacob, aucun, ie ne diray pas des hommes, mais des Esprits mesmes qui montoyent & qui descendoyent ſur l'eſchelle qu'il vit en dormant, eſtoit-il capable de deuiner, ſi Dieu ne le luy reueloit extraordinairement, que cela repreſentoit que le Meſſie viendroit quelque iour, qui feroit la paix entre la terre & le Ciel, & qui reſtabliroit la communication entre les hommes & Dieu par l'entremiſe des Anges? Et quant aux promeſſes que Dieu, qui ſe tenoit ſur le bout de l'eſchelle dans le Ciel, fit ouïr à ce Patriarche, elles eſtoyent claires à la verité, & ſans aucun ombrage d'allegorie ny de ſymbole myſterieux, mais elles eſtoyẽt auſſi de choſes ſi eſloignées, qu'il n'y auoit que Dieu ſeul non plus qui en peuſt preuoir & predire l'euenement. De ſorte que cette viſion eſtoit tout à fait diuine. Voila qui eſt bon, dira icy quelcun : ces ſonges ont paru diuins quand ils ont eſté entendus, ou quand ils ont eſté confirmés par les euenemens. Mais nous recherchons icy comment ils l'ont peu eſtre par ceux à qui ils ont eſté enuoyés, auant l'interpretation, & par la conſideration des ſonges meſmes. Diſtinguons donc encore les ſonges, les interpretations qui en ont eſté quelques fois données par les ſeruiteurs de Dieu, cõme Ioſeph & Daniel ; & les euenemens. Et pour commencer par la consideration des euenemens, il est certain que quand ils ont esté vne fois arriués, ils ont mis la diuinité des visions qui les representoyent, dans vne pleine euidence. Car pour ne parler point de la statuë de Nabucodonosor, qui a prefiguré des choses si éloignées que tous les Anges ensemble ne les pouuoyent deuiner, pour ne m'arrester qu'à ceux de Ioseph, & de Pharao, & des officiers de sa maison, qui estoyent en prison auec Ioseph, qui est-ce qui apres les auoir veus si ponctuellement accompils, eust peu tant soit peu douter qu'ils ne fussent de reuelation diuine ? Mais ce n'est pas de cela dont il s'agit maintenant. Pour ce qui est des interpretations, il est certain que ces admirables rapports qui se sont rencontrés entr'elles & les visions mesmes, ont deu dõner vn singulier estonnement à ceux qui les ont ouïes, mesmes auant les euenemens. Car ces rapports-là ne peuuent estre arriués par hazard, puis qu'il y paroissoit vne si exacte intelligence. Aussi void-on que Nabucodonosor en a esté raui en admiration, & que Pharao en a esté tellement persuadé, que sans autre consultation, il esleua Ioseph à vne tres-haute dignité, auec vn pouuoir souuerain de disposer des affaires, & particulierement des reuenus de l'Egypte à sa volonté, pour se precautionner par la prouision de la fertilité des sept premiers ans, contre la desolation que deuoit causer la sterilité des sept autres. Mais il est vray qu'il ne s'agit pas encore proprement de cela non plus; & que la diuinité de ces visions a deu paroistre dans elles-mesmes. Il faut donc remarquer de la difference entre les songes qui portoyent des commandemens exprés, comme ceux qui ont esté addressés à Ioseph, & aux Sages qui vinrent saluer nostre Seigneur; & ceux qui consistoyent simplement en representation symbolique & allegorique des choses futures. Ceux-là ont deu auoir des caracteres tres-euidens & tres-indubitables de leur diuinité, autrement ils n'eussent pas assés efficacement induit les seruiteurs de Dieu à obeïr: ceux-cy ne requeroyent pas absolument vne si grande efficace. Et neantmoins il est certain qu'ils en ont eu assés pour imprimer dans l'esprit de ceux qui les ont veus, certe persuasion, qu'ils estoyent venus d'vne cause extraordinaire & diuine. Ioseph le témoigne assés par l'empressement qu'il monstre à raconter les siens : c'est à dire qu'il y voyoit quelque chose qui le touchoit bien sensiblement. Les officiers de la maison de Pharao en font de mesme des leurs, & temoignent qu'ils ne les prenoyent pas pour des illusions temeraires. Et Pharao paroist encore plus viuement & plus profondement émeu des siens, eu égard à la peine qu'il se donne pour en auoir l'intelligence. En effect, pour ne repeter point ce que i'ay desia dit des moyens par lesquels la diuinité des songes enuoyés d'enhaut, peut estre discernée d'auec la vanité de ceux qui procedent des causes de le nature, (quoy qu'il faut icy se souuenir de tous ces caracteres qui les discernent) ie dis qu'il n'y en a eu aucun de cette sorte-là, qui n'ait deu donner à ceux qui les ont veus, vn estonnement extreme. Ie commenceray par la consideration des moins illustres, pour venir par degrés à ceux qui le sont plus. Le songe de l'Eschanson fut qu'il luy sembloit qu'il voyoit vn sep deuant luy. Qu'au sep il y auoit trois sarmens, d'où il sortoit des boutons qui vouloyent croiſtre & fleurir. Qu'au meſme temps les grappes fleurirent, & amenerent leurs grains à maturité. Que la coupe de Pharao eſtoit en la main de l'Eſchanſon, & qu'il prenoit les raiſins & les preſſoit, & les eſpreignoit dans la coupe, & qu'il la mettoit en la main de Pharao. Ie vous prie, nos ſonges, qui viennent ou de la conſtitution de nos corps & de nos humeurs, ou de l'agitation de nos ſens interieurs par la chaleur du ſommeil, ou de l'application de nos eſprits aux ſoins & aux occupations de la vie, ou de l'emotion de nos paſſions, ſont ils ainſi, & d'vn coſté emblematiques, & de l'autre coſté reguliers, pour preſenter en leur conſtitution des ſymboles compoſés de tant de parties, qui s'entretiennent les vnes aux autres auec tant de proportion? Que ſi vous venés à ioindre à cela que cet embleme ainſi diſtinct & articulé, eſtoit d'ailleurs vif, lumineux, profondement empraint dans l'imagination, & touchant; vous ne trouuerés nullement eſtrange qu'il ait paſſé dans l'entendement de cet Echanſon pour extraordinaire & pour celeſte. Mais il eut bien plus de ſujet d'en auoir cette opinion, quand ſon compagnon le Panetier, luy raconta au matin qu'il auoit aussi songé la mesme nuit, qu'il y auoit trois corbeilles blanches sur sa teste; & que dans la plus haute corbeille il y auoit de toutes viandes du mestier de boulanger, pour Pharao, & que les oiseaux les mangeoyent de la corbeille qui estoit sur sa teste. Car cette rencontre d'auoir songé tous deux en mesme temps, & veu des visions rares en leur conformation, proportionnées en leurs parties, symboliques, sans doute, en leur signification, qui se rapportoyēt chacune à l'office de celuy qui auoit songé, qui conuenoyent au nombre de trois, quoy qu'elles differassent d'ailleurs en de notables circonstances, enfin, qui les auoyent tous deux extraordinairement émeus, cette rencontre, di-je, ne pouuoit auoir esté ainsi dispensée que par vne cause intelligente & celeste. Tellement qu'il ne faut pas s'estonner si la perplexité que ces visions leur mirent dans l'esprit, parut au matin egalement dans le changement de leurs visages. Les songes de Pharao auoyent encore quelque chose de plus precis & de plus iuste dans la symmetrie de leurs parties. Sept ieunes vaches d'vn costé, sept ieunes vaches de l'autre : l'embonpoint de celles-là, la maigreur de celles-cy : la beauté des grasses, la laideur hideuse des maigres : l'action des vnes qui deuorent les autres & les engloutissent, & tout cela sans meslange d'aucune autre chose bizarre ou extrauagante, comme il arriue ordinairement en songeant, & sans aucune circonstance d'où Pharao peust inferer qu'il y eust en cela rien qui tint le moins du monde ny de ses soins, ny de ses passions, ny de la constitution de ses humeurs, ny de son temperament, estoit vne chose suffisante pour ietter d'abord de l'admiration & de la perplexité dans ses pensées Et de fait, ce qu'il est dit qu'il s'eueilla sur ce songe-là, monstre qu'il l'auoit viuement touché : car les songes qui nous émeuuent beaucoup nous éueillent. Neantmoins pour la premiere fois Pharao ne s'en effraye pas, & il reprend son sommeil cõme auparauant. Mais quand vn autre visiõ semblable à la precedente, luy fait voir d'vn costé sept espics beaux & grenus, & de l'autre, sept espics minces & flestris du vent d'Orient, & que les minces & flestris engloutissent les beaux & pleins, alors il ne doute pas que ce ne ſoit Dieu qui parle à luy par ces repreſentations, de ſorte que ſon ame s'en épouuante. Et veritablement ces deux viſions, preſentées ainſi coup ſur coup, eſtoyent trop clairement myſterieuſes pour ne cauſer point de rauiſſement. Ceux de Ioſeph me paroiſſent encore plus admirables. Il void premierement les gerbes de ſes freres qui l'enuironnent, & qui ſe proſternent deuant la ſienne; ce qui auoit vne ſignification ſi claire que ſes freres l'entendirent d'abord. Il void puis apres en vn autre ſonge le Soleil & la Lune, & onze eſtoilles, qui ſe proſternent deuant luy: ce qui contenoit encore la meſme choſe dans vn embleme ſi illuſtre & ſi glorieux, que quand il vient à le reciter, non ſeulement ſon pere l'entend, mais il s'en choque, & il l'en tanſe. Soit donc que Iacob & ſes autres enfans creuſſent qu'effectiuement Ioſeph euſt ainſi ſongé, ſoit qu'ils ſoupçonnaſſent qu'il auoit controuué cela, il paroiſt bien manifeſtement qu'ils reconnoiſſoyent que cela ne pouuoit eſtre procedé que de l'operation de quelque intelligence. Car le hazard ne pouuoit auoir adjuſté les parties de l'vne ny de l'autre de ces viſions, beaucoup moins

moins les eust-il peu si biẽ accorder toutes deux ensemble. Cela donques pouuoit suffire pour leur faire croire que ces songes estoyent surnaturels. Mais il y auoit quelque autre chose encore qui deuoit faire croire à Ioseph qu'ils estoyent diuins & celestes. Sa conscience luy rendoit témoignage qu'il estoit vuide d'ambition: & quand il en eust senti quelque pointe & quelque chaleur, ce n'eust pas esté pour desirer la domination sur ses freres. Beaucoup moins la desiroit-il sur ceux qui l'auoyent engendré : car c'est vn desir monstrueux & qui passe les bornes de la nature. Mais quand il auroit eu de si prodigieuses eleuations d'esprit, que de souhaitter de deuenir si grand que son pere & sa mere se prosternassent deuant luy, où est-ce que son imagination seroit allée en dormant chercher le Soleil & la Lune & onze estoiles précisément, pour luy presager cet empire ? C'est chose extremement rare que dans les songes qui n'ont point d'autres causes que celles de la Nature, on s'imagine voir le Soleil. Car il y a tousiours quelque chose de fort tenebreux dans ces visions nocturnes. Mais quand cela arriueroit beaucoup plus souuenr, le voir en cet estat d'humiliation, & la Lune, & onze estoiles, pour representer ce que ce songe figuroit, c'est vne chose si loin au dessus de ce que les causes naturelles ont accoustumé de faire, que ce seroit vne impertinence toute manifeste que de le leur imputer. Enfin, les songes de Nabucodonosor sont encore à mon aduis en quelque sorte plus magnifiques. Car il fut presenté à l'imagination de ce Prince vne grande statuë, dont la splendeur estoit excellente, & l'apparence terrible. La teste de cette statuë estoit d'or tres-fin; sa poitrine & ses bras estoyent d'argent, son ventre & ses hanches d'airin. Ses iambes estoyent de fer, & ses pieds en partie de fer & en partie de terre. Apres cela il luy parut vne pierre qui se destacha elle-mesme d'vne montagne, sans en estre coupée par la main d'aucun, qui vint en roulant heurter la statuë en ses pieds en partie de fer & en partie de terre, & les brisa. Et alors furent ensemble brisés le fer, la terre, l'airin, l'argent & l'or, & deuinrent comme de la paille est en vne aire pendant l'Esté, quand il y suruient vn vent impetueux qui l'enleue, & qui la dissipe çà &

là : tellement que toutes ces matieres dont la ſtatuë eſtoit composée, s'euanouïrent & ne parurent plus. Mais quant à la pierre qui auoit frappé la ſtatuë, elle deuint vne grande montagne, & remplit tout l'Vniuers. Mettons à part l'interpretation de cette viſion, & ne conſiderons point les choſes qui y ſont deſignées. Regardons ſeulement la viſion en elle-meſme, & voyons s'il eſt iamais rien tombé de ſemblable dans l'entendement humain. Certes l'idée d'vne telle ſtatuë eſt ſi belle ; la varieté des metaux & des matieres qui les compoſent, ſi remarquable ; la continuation des vns de ces metaux aux autres ſi admirablement ſuiuie ; la pierre qui la vient heurter & mettre en pieces, & la façon dont elle y vient, ſi extraordinaire & ſi ſurprenante ; ſon accroiſſement ſi miraculeux ; & en general tout l'air de cette repreſentation eſt ſi majeſtueux & ſi grand, que cela ne pouuoit venir en l'imagination des hommes s'il n'y eſtoit enuoyé d'enhaut. Aſſeurément l'entendement de l'homme eſt trop petit, pour ſeruir de moule où vn ſi grand & ſi magnifique ouurage ſe forme. Et l'effect que cela produiſoit en l'eſprit de Nabucodonosor est merueilleusement considerable. C'estoit vn Prince, & ceux de cette naissance & de cette dignité-là sont moins aisés à émouuoir par les choses extraordinaires. C'estoit vn grand Monarque & vn Conquerant : & cette sorte de Princes a les pensées plus vastes & plus esleuées que les autres. C'estoit entre les Monarques & les Conquerans vn homme plein de l'opinion de sa grandeur, ce qui luy deuoit faire trouuer & en veillant & en dormant toutes choses ou petites ou vulgaires. Quand il fut eueillé de son sommeil il ne se souuenoit pas de la vision ; & quand nos songes se sont éuanoüis de nos esprits, l'émotion qu'ils nous auoyent causée à l'heure que nous les voyïons, a accoustumé de s'appaiser & de s'éuanoüir de mesme. Et neantmoins, quoy qu'il ne luy fust demeuré dans la memoire aucune trace de son songe, sinon qu'il auoit songé, quand il le declare à ses deuins, à ses Astrologues, & à ses Mages, il dit que son esprit en est demeuré *pasmé*, & la passion qu'il a de r'attraper ce qui luy estoit échappé, pour taicher d'en auoir l'interpretation, luy fait faire à tous ces gens-là des menaces & des denonciations extraordinaires & terribles. De ſorte qu'il faut neceſſairement que ſon ame euſt ſenti en cette viſion quelque choſe de diuin, qui produiſoit en luy vn deſir ſi paſſionné d'en auoir l'intelligence. Ie ne di rien de la viſion de Iacob, parce qu'elle parle aſſés d'elle-meſme. Certes les paroles qu'il y ouït luy promettoyent des choſes ſi magnifiques, & ſi haut eleuées au deſſus de la puiſſance de l'homme, & meſmes de la preuoyance de ſon entendement : le ton de la voix de celuy qui parloit à luy eſtoit ſi majeſtueux & ſi auguſte dans ſon imagination; l'image d'vne eſchelle qui touchoit de la terre aux cieux, ſur qui montoyẽt & deſcendoyent les ſaints Anges, & ſur le haut bout de laquelle eſtoit la repreſentation de Dieu meſme en figure viſible & humaine, comme vn preſage de la future incarnation de Chriſt ; tout cela, di-je, auoit vn air ſi merueilleuſemẽt grand & ſi glorieux, & Iacob en fut tellement touché de reuerence, d'admiration, & de frayeur, qu'il s'eſcria que ce lieu-là auoit quelque choſe de terrible, & qu'en voyant cette viſion, il auoit eſté mis comme ſur le ſueil de la Maiſon de l'Eternel, & dans le veſtibule des cieux. Ce qui monstre bien que ce songe auoit fait en luy vne toute autre impression, que ne font ceux qui viennent des causes de la Nature. Ie croy donc auoir desormais suffisamment examiné cette question, de sorte qu'il ne me reste plus à resoudre que la troisieme.

Ioël auoit prononcé cet oracle touchant le temps de l'aduenement du Messie. *Il aduiendra és derniers iours, dit Dieu, que ie respandray de mon Esprit sur toute chair; & vos fils prophetiseront, & vos filles aussi, & vos ieunes gens verront des visions, & vos anciens songeront des songes. Et pour vray en ces iours-là ie respandray de mon Esprit sur mes seruiteurs & sur mes seruantes, dont ils prophetiseront. Et ie feray des choses merueilleuses au ciel en haut, & signes en terre en bas, sang & vapeur de fumée. Le Soleil sera changé en tenebres, & la Lune en sang, deuant que ce grand & notable iour du Seigneur vienne.* De ces paroles du Prophete, sans qu'il soit besoin d'en produire d'autres, il est clair qu'à l'aduenement du Messie, Dieu deuoit enuoyer vne grande abondance de son Esprit sur son Eglise, qui rendroit presque communs vniuersellement à tous les fidelles ces dons extraordinaires & miraculeux de Prophetie, de Visions, & de Songes, que Dieu cõmuniquoit autrefois à quelques-vns seulement. De fait, les Apostres ont appliqué ce passage à l'enuoy du S. Esprit qui fut fait le iour de la Pentecoste, & l'experience des choses verifia en ce temps-là tres-autentiquement la verité de cet oracle de Ioël. Car c'est vne chose merueilleuse de l'abondance & de la varieté des dons que Dieu versa sur les Chrestiens au premier establissement du Christianisme, de sorte qu'il en remplit non seulement les Apostres, & les Prophetes, & les Euangelistes, & les Pasteurs, & Docteurs, & les Diacres encore, & generalement tous ceux qui auoyent quelque charge publique en l'Eglise, mais encore quantité de personnes particulieres, sans aucune difference d'aage, de sexe, ny de condition. Et l'histoire des Actes des Apostres auec ce qui nous reste de celle du siecle qui les suiuit, en rendent vn autentique témoignage. Mais il y a icy outre cela deux choses considerables. La premiere, qu'il semble que cette promesse, à regarder l'emphase des termes esquels elle est conceuë, ne borne pas ſon execution au temps de la naiſſance de l'Egliſe, & à cẽt ou ſix vingts ans apres, mais qu'elle l'eſtend à tous les ſiecles du Chriſtianiſme, iuſques à leur conſommation. Car il ſe fait icy oppoſition des temps de l'Euangile aux temps de la Loy, & par conſequent, ce ſemble, de toute la durée d'vne diſpenſation, à toute la durée de l'autre. La ſeconde, que nonobſtant cela, on voïd par experience que ces dons miraculeux de l'Eſprit de Dieu ont ceſſé il y a long-temps: tellement que depuis pluſieurs ſiecles en çà on n'en void aucune trace en l'Egliſe Chreſtienne. Car tout ce qu'on en a dit & eſcrit depuis douze cens ans, eſt ou merueilleuſement ſuſpect, ou tout à fait faux ou ſuppoſé, & plein de vanité & d'impoſture. Comment donc accorderons nous cette experience auec cet oracle? Pour le faire, & pour nous frayer ainſi le chemin à la ſolution de la queſtion que ie traitte maintenant, il faut à mon aduis faire icy quelques conſiderations. Premierement il eſt certain que ce que Dieu a promis par ſes Prophetes, de donner vne gande abondance de ſon Eſprit au temps de la reuelation du Meſſie, doit auoir ſon accompliſſement depuis le premier aduenement de Chriſt iuſques au ſecond : mais comment cela ſe doit executer, c'eſt vne choſe qui merite vne conſideration vn peu attentiue. Bien que ces paroles de Ioël ſemblent ne deſigner ſinon les dons de l'Eſprit qui ont quelque choſe d'extraordinaire & de miraculeux, ſi eſt-ce que ſous cela eſt auſſi compriſe la promeſſe des dons ordinaires qui conſiſtent en l'illumination de l'entendement des fidelles ; en la connoiſſance de la verité celeſte ; en la conſolation, en la ſanctification, en l'eſperance, en la patience dans les tentations & dans les afflictions, & en toutes les vertus Chreſtiennes. Car ce ſeroit peu de choſe que Dieu euſt promis abondance de dons qui ſont miraculeux à la verité, mais qui d'eux meſmes ne produiſent pas neceſſairement le ſalut, & qu'il euſt laiſſé en arriere ceux qui ſont ſeuls ſalutaires. De fait, c'eſt de la meſme façon qu'il faut entendre cet autre oracle d'Eſaïe. *Voici voſtre Dieu viendra luy-meſme, & vous deliurera. Adonc les yeux des aueugles ſeront ouuerts, & les oreilles des ſourds ſeront détouppées. Adonc ſautera le boiteux comme le cerf ; & la langue du muet chantera en triomphe : car les eaux sourdront au desert, & les torrens au lieu solitaire.* Car il est bien vray que ces paroles ont vn sens propre & literal, qui a eu son accomplissement à la venuë de nostre Seigneur. Mais il en a aussi vn allegorique & figuré, qui regarde les dons salutaires, & qui concernent l'esprit, dont l'accõplissement à trait pendant tous les temps de l'Eglise. Puis apres, il est encore certain que la raison pour laquelle ces dons miraculeux sont disertement specifiés en cet oracle, & les ordinaires & salutaires non, c'est que ces promesses sont conceuës en termes qui sont accommodés à l'air de la Dispensation legale. Car sous cette Economie-là les fidelles connoissoyent bien à la verité que tout le bien qui estoit en eux venoit de Dieu, & ils luy en donnoyent la loüange. Moyse mesme l'auoit ainsi enseigné, & les Pseaumes de Dauid sont pleins de cette reconnoissance. Mais neantmoins ils ne sauoyent pas bien distinctement que cela vint de quelque operation particuliere de la troisieme personne de la Diuinité, & l'Esprit de Foy, l'Esprit de Consolation, l'Esprit d'Adoption, l'Esprit de Sanctification, eſtoyent des termes inconnus aux fidelles de l'Egliſe ancienne. Tellement que iuſques à Dauid, qui a commencé à dire quelque choſe de l'Eſprit de Dieu, en ce qui touche la ſanctification, aucun n'auoit encore ainſi parlé, & apres luy ces expreſſions ont eſté rares. Au lieu qu'il n'y a rien de plus ordinaire dans les liures du Vieux Teſtament que d'attribuer à l'Eſprit de Dieu les viſions, les reuelations des Prophetes, les dons extraordinaires & miraculeux qui eſclattoyent & qui donnoyent de l'eſtonnement : iuſques-là que l'induſtrie particuliere qui fut donnée à Betſaleel & à Aholiab, pour trauailler en toute ſorte de broderie pour la conſtruction du Tabernacle d'Aſſignation, eſt nommément attribuée à l'efficace de l'Eſprit de Dieu, dans les liures de Moyſe. De fait, les dons ordinaires de l'Eſprit de Dieu, ſont beaucoup moins eſclattans, & donnent beaucoup moins d'admiration que les extraordinaires. Car ceux-là ſont tellement interieurs qu'ils ne ſe manifeſtent que dans les actions de pieté, de charité & de ſanctification, qui ſont ordinairemẽt fort temperées & fort regulieres, & qui à ne les regarder pas de prés, ne semblẽt proceder d'autre principe que de celuy d'vne bonne & droite raison. Au lieu que ceux-cy ont vn esclat qui donne tellement dans les yeux, qu'à en voir les effects il n'y a personne qui ne iuge qu'ils procedent d'vne cause surnaturelle & celeste. Et cette difference estoit d'autant plus grande sous l'Economie de la Loy, que les dons ordinaires y estoyent moins liberalement distribués, & que les vertus qu'ils produisoyent estoyent plus obscures & moins frequentes qu'elles ne sont maintenant : & au contraire, les dons extraordinaires & miraculeux y estoyent beaucoup plus communs, & conuenoyent mieux au genie de cette dispensation-là, parce qu'elle retenoit les esprits, non tant par la connoissance de la verité, comme fait celle de maintenant, que par l'admiration de la puissance de Dieu, & par l'estonnement que donnoyent les choses surprenantes & prodigieuses. De là, pour troisieme consideration, resulte la connoissance de la maniere en laquelle cette promesse de Ioël & ses semblables ont deu estre executées. Car il a bien fallu à la verité qu'au commencement du Chriſtianiſme, noſtre Seigneur ait rempli ſon Egliſe de ces dons miraculeux qui y ſont ſpecialement deſignés ; & deux raiſons entre les autres le conuioyent à le faire. L'vne que ces termes dont les Prophetes s'eſtoyent ſeruis, auoyent rempli les eſprits des hõmes de l'attente de ces dons là, & que ſi leur attente euſt eſté fruſtrée en cet egard, ils en euſſent receu du ſcandale. Afin donc qu'on ne trouuaſt rien à redire en l'accompliſſement de ces illuſtres predictions, Dieu a voulu rendre les commencemens de la predication de ſon Euangile ſignalée & admirable par ces choſes merueilleuſes. L'autre, qui eſt la principale, eſt que le premier eſtabliſſement de ſon Euangile auoit neceſſairement beſoin de la manifeſtation de l'Eſprit en choſes tout à fait émerueillables : parce qu'autrement il n'euſt pas ruïné l'empire de Satan comme il a fait, & n'euſt pas vaincu la reſiſtance qu'il auoit à trouuer dans l'empire Romain, & parmy toutes les autres nations de la terre. Car la predication de la Parole, & l'operation des miracles, & la diſtribution de ces dons extraordinaires de l'Eſprit ; ont eſté les ailes ſur leſquelles l'Egliſe a eſté portée en toutes les contrées du monde. C'est pourquoy l'Apostre ioint ces deux choses ensemble en l'Epistre aux Hebrieux, quand il dit que le *salut ayant premierement commencé d'estre annoncé par le Seigneur, nous a esté confirmé par ceux qui l'auoyent ouï : Dieu en outre leur rendant témoignage par signes, & miracles, & diuerses vertus, & distributions du S. Esprit selon sa volonté.* Mais comme apres que l'Euangile a esté vne fois planté en la terre, de sorte qu'il a peu s'y conseruer par la seule predication, la necessité des miracles ayant cessé, l'vsage en a cessé de mesme ; ces dons extraordinaires du S. Esprit ont cessé pareillement, parce que l'vsage n'en a plus esté necessaire. Par ce moyen, l'execution de cette promesse de Ioel, entant qu'elle a deu s'estendre à tous les temps de l'Eglise Chrestienne iusques à leur consommation, a esté restreinte aux dons ordinaires de l'Esprit de Foy, de Consolation, & de Sanctification, qui en effect se distribuent incomparablement plus liberalement sous cette dispensation, qu'ils ne faisoyent sous l'Economie legale. Ie croy donques, pour venir enfin à la resolution precise de la question, qu'il faut encore icy diſtinguer entre les ſonges diuins, Angeliques, & naturels. Car quant à ces ſonges diuins qui ſont deſtinés à predire les choſes à venir, ſous l'embleme de quelques repreſentations allegoriques, ou à donner quelques commandemens aux hommes pour les porter à des choſes extraordinaires, & où il faut vne autorité diuine pour les entreprendre & pour les executer, i'eſtime que le temps en eſt abſolument paſſé, & que ceux qui s'en vantent ſont ou des fourbes, qui veulent abuſer le monde par des viſions ſuppoſées, pour ſeruir à leurs propres intereſts, ou des fols, qui ont le cerueau troublé par les vapeurs de leurs hypocondres. Car nous ne ſommes plus ſous la Diſpenſation legale, ſous laquelle ces choſes-là ont eu proprement leur lieu: ny dans les commencemens de l'Egliſe, où elles ont eſté neceſſaires pour ſon eſtabliſſement. Et s'il m'eſt permis de dire icy mon ſentiment de certaines gens de l'vn & de l'autre ſexe, qui en Pologne & en Allemagne ſe ſont vantés de quelques viſions celeſtes en ces derniers temps, à la verité ie ne les accuſeray pas d'impoſture, parce qu'on leur a rendu d'assés beaux témoignages de pieté, mais i'oseray bien dire qu'en leur fait il y a eu quelque transport d'entendement, qui venoit d'ailleurs que d'vne cause diuine. C'ont esté des gens qui en partie par deuotion, en partie par quelque trop grande curiosité, se sont extraordinairement attachés à la lecture de l'Apocalypse & des autres Propheties. L'assiduité & l'affection qu'ils y ont apportée, leur ayant imprimé dans la memoire les idées des choses qu'ils y ont veuës; & les copies de ces admirablement beaux tableaux, où les euenemens à venir sont representés, leur estant demeurées peintes dans l'esprit, deux ou trois choses sont suruenuës qui ont contribué à leur persuader que leurs songes, & les choses qu'ils ont creu voir en quelques especes d'exstases où ils sont tombés, estoyent de reelles & celestes visions. Premierement ils se sont laissés emporter aux esperances de ceux qui attendent dans quelque temps vne grande prosperité pour l'Eglise de Dieu en la terre, & vn terrible renuersement de tous les Estats & de toutes les puissances qui s'opposent maintenant à l'establissement du regne de Christ; & ce qu'ils desiroyent

desiroyent auec beaucoup de zele & de passion, ils se le sont aisément imaginé comme indubitable. Car d'vn costé diuers textes de l'Ecriture ont exterieurement l'apparence de faire de telles promesses à l'Eglise de nostre Seigneur : & de l'autre c'est une des foiblesses de l'Esprit humain, que de se persuader volontiers les choses dont on a enuie. Apres cela l'humeur melancholique, qui dominoit en eux naturellement, les afflictions & les chagrins qui leur sont venus tant des affaires publiques qui n'alloyent pas bien à leur contentement, que des particulieres qui ne leur rioyent pas non plus, les ont rendus susceptibles de toutes les imaginations qui leur monstroyent l'esperance de leur deliurance ou de quelque soulagement. Enfin, leurs corps mesmes se sont trouués tellement affectés des passions de leurs esprits, & de la qualité des humeurs qui predominoyent en eux, qu'ils en sont tombés en quelques indispositions atrabiliaires, que tout le monde sçait estre capables de fort estranges accidens. Soit donc qu'ils s'endormissent simplement, ou qu'en veillant ils fussent surpris de quelque transport de leur fantaisie, dans lequel il se fist abstraction de leur ame d'auec le commerce de leurs sens, (car cela arriue quelques fois dans les maladies que causent les hypocondres) ces images Apocalyptiques se sont puissamment remuées en eux, & ont formé dans leur imagination ces pretenduës visions qu'ils nous ont depuis debitées. A quoy se peut estre meslée quelque operation des mauuais Anges, qui cherchent toutes les occasions imaginables de tromper & les sains & les malades, & qui ont aidé à lier ensemble & à peindre ces representations dans le cerueau de ces pauures gens. Aussi a t-on veu de la pluspart par experience, ou que ces images qu'ils ont veuës dãs leurs pretendus enthousiasmes, ne signifioyent rien du tout, ou que si elles signifioyent quelque chose, la vanité & la fausseté en a esté refutée par les euenemens. Quant à ces gens d'Outremer qui se vantent maintenant de reuelations, de visions, d'inspirations celestes, de vertus extraordinaires du S. Esprit, d'exstases & de rauissemens, & qui par leurs tremblemens veulent representer les mouuemens des enthousiastes & des Prophetes, ie m'estonnerois merueilleuſement ſi d'honneſtes gens & bien ſenſés ſupportoyent leurs freneſies. L'eſprit du Seigneur Ieſus Chriſt eſt vn Eſprit d'intelligence, & de prudence, & de ſens raſſis, & non vne fumée qui rempliſſe les cerueaux creux d'imaginations tenebreuſes & bizarres. La Grace de l'Euangile met les puiſſances de l'eſprit de l'homme dans vne conſtitution ſage, & & qui donne de la ioye au dedans, & de l'edification au dehors, & n'expoſe point la vraye religion à la riſée de ſes ennemis, & au ſcandale des gens bien ſenſés, par des geſtes indecens & des mouuemens heteroclites. Pour ce qui eſt des ſonges qui peuuent venir ſimplement de l'impreſſion des Anges, ie ne voudrois pas nier qu'il ne s'en viſt encore maintenant quelques exemples. Car quant aux mauuais, ils ſe peuuent meſler dans les illuſions qui arriuent aux hommes en dormant, ſoit pour taſcher de leur imprimer quelques fauſſes opinions en matiere de religion, & les incliner à la ſuperſtition, ſoit pour enflammer dauantage leurs paſſions, & y mettre plus de deſordre. Et pour le regard des bons, encore que la diſpenſation de la Loy, ſous laquelle ils estoyent employés, mesmes dans les choses qui concernoyent la religion, soit passée, si est-ce qu'ils sont tousiours demeurés les ministres & les instrumens de la Prouidence de Dieu, en ce qui regarde la vie ciuile, & la societé humaine, & principalement la protection des fideles, & la defense de l'Eglise de nostre Seigneur. Cõme donc il peut arriuer qu'ils apparoissent quelquesfois aux hõmes en veillant, aussi n'est-il pas incroyable que Dieu ne les employe de temps en temps pour donner quelque aduertissement par les songes. Il y a quantité d'exemples de l'vn & de l'autre dans les liures de ceux qui ont fait des recueils des choses extraordinaires & memorables, que l'on peut aller chercher-là. I'ay ouï dire à feu Monsieur Cameron, personnage dont la memoire sera en eternelle benediction dans nos Eglises, qu'il auoit appris de la bouche de Monsieur de Calignon, Chancelier de Nauarre, homme de singuliere vertu, vne chose fort notable qui luy estoit arriuée en Bearn. Il estoit allé en quelque bourg de la campagne, soit pour son diuertissement, ou pour quelque raison qui regardoit sa santé; car il ne me souuient ny du lieu ny de l'occasion de son voyage. Vne nuit, comme il dormoit, il entendit vne voix qui l'appelloit par son nom, Calignon. S'estant eueillé là-dessus, & n'ayant rien ouï dauantage, il s'imagina qu'il auoit songé, & se rendormit. Peu apres il ouït encore la mesme voix qui repetoit, Calignon: ce qui fit vne plus grande impression sur son esprit qu'il n'auoit fait auparauant. Car s'estant eueillé, il eueilla aussi sa femme, qui estoit aupres de luy, & luy dit ce qui luy estoit arriué : tellement qu'ils furent tous deux assés long-temps eueillés, attendans si cette voix recommenceroit à se faire ouïr, & si elle diroit quelque chose dauantage. Enfin la voix le réueilla pour la troisieme fois, en l'appellant par son nom, & l'aduertit de plus de se retirer bien prontement de ce bourg, & d'en emmener sa famille, parce que dans peu de iours la peste feroit d'horribles rauages dans ce lieu-là. A quoy il adioustoit qu'il s'estoit parfaitement bien trouué d'auoir obeï, parce qu'effectiuement, peu de iours apres, la contagion se mit dans le bourg, & y tua beaucoup de personnes. Ce fut, sans doute, vn

Ange qui parla à luy, & qui par l'induction de la bonne Prouidence de Dieu, le tira hors du peril qui autrement luy estoit ineuitable. Car soit que la peste vint de la corruption de l'air, ou qu'elle prist en ce lieu-là par la communication de quelques pestiferés, ou que les sorciers & les empoisonneurs, comme on dit qu'ils le font quelquesfois, eussent resolu dépandre là quelques venins, c'estoit chose qui ne passoit pas la mesure de la connoissance de l'intelligence d'vn Ange. Or si ces bien heureux esprits, qui sont destinés à la garde des gens de bien, leur donnent de viue voix de tels aduertissemens par le commandement de Dieu, ils leur en peuuent bien donner, selon le mesme commandement, par l'entremise des songes. L'histoire du temps de nos peres atteste si hautement de la verité de celui de Louys de Bourbon, Prince de Condé, qu'ō ne le peut pas reuoquer en doute. Peu auant la iournée de Dreux, il songea qu'il auoit dōné trois batailles l'vne apres l'autre, où il auoit gagné la victoire & où ses trois grands ennemis estoyent peris. Mais qu'enfin il auoit esté aussi blessé à mort, & qu'apres les auoir mis les vns ſur les autres, il auoit eſté luy-meſme entaſſé ſur les corps morts. Ce qui ſuiuit eſt remarquable. Car le Mareſchal de S. André fut tué à Dreux : le Duc de Guiſe, François de Lorraine, à Orleans : le Conneſtable de Montmorency, à S. Denis ; & c'eſtoit là le Triumuirat qu'on diſoit qui auoit iuré la ruine de ceux de la Religion, & la perte du Prince. Enfin luy-meſme fut tué à Baſſac, cõme ſi c'euſt eſté vne ſuite de morts & de funerailles. Bien qu'il y ait quelques circonſtances dans le ſonge qui ne s'accordent pas entierement auec ſon accompliſſement : comme ce qu'il s'imagina que ſes ennemis mourroyent en trois batailles ; car le Duc de Guiſe mourut autrement, & fut aſſaſſiné par Poltrot ; & ce qu'il creut qu'il y eſtoit touſiours demeuré victorieux ; car il fut luy-meſme pris à Dreux, & on luy conteſta la gloire de la victoire de S. Denis, & on creut qu'à Baſſac, outre la vie, il auoit encore perdu la bataille ; en gros pourtant cette viſion ne laiſſa pas d'eſtre admirable, & elle a eſté reconnuë pour telle à cauſe de ces grands euenemens. Il y pouuoit donc auoir quelque choſe de naturel à l'egard de la formation de ces images dans la fantaisie de ce Prince. Car ayant, comme il auoit, vn temperament de lion, & estant nourri à la guerre, & commandant vne armée, il pouuoit bien songer des batailles à la veille d'vn si furieux combat. Et luy-mesme sembloit assés le reconnoistre, quand en racontant sa vision il vsa de cette preface: *Ie sçay bien qu'il ne faut point s'arrester aux songes, mais si faut-il que ie vous die ce que i'ay songé cette nuit.* En effect, vn homme qui parle ainsi témoigne assés, d'vn costé que ce songe luy paroissoit extraordinaire, & qu'il auoit fait impression sur son esprit, & de l'autre, qu'il ne le reconnoissoit pas pour absolument surnaturel, puis qu'il doutoit en quelque faço s'il en deuoit faire quelque conte. Mais neantmoins, vn Ange, à qui Dieu auoit laissé entreuoir quelque chose du succés de ces guerres ciuiles, & de la fin de ces Capitaines, auoit bien peu s'y mesler par sa permission, à dessein de donner quelque aduertissement à ce Prince. Car il en pouuoit retirer cette vtilité, ou de ne s'opiniastrer pas à la guerre, s'il vouloit euiter la mort, ou de s'y preparer serieusement à mesure qu'il voyoit ses ennemis sortir de la vie. Et l'vne & l'autre de ces choses estoit digne d'vn bon Ange, qui auoit soin de la vie de ce grand Prince, & mesme de son salut. On raconte pareillement diuerses choses memorables de gens qui furent sauués du massacre, par les aduertissemens de quelques songes, qui, s'ils sont vrais, comme ie ne voy point de raisonnable sujet d'en douter, ne pouuoyent venir que des Anges, tant ils sont pleins d'intelligence, & arriués à point nommé. Mais mon intention n'est pas tant de rapporter icy des histoires, que de faire sur cette matiere des cõsiderations Theologiques, ou qui dépendent du raisonnement. Et la conclusion que i'en tire est que Dieu ne s'est pas lié les mains, pour ne donner iamais de tels aduertissemens aux hommes, quoy qu'il le face assés rarement. Il y a pourtant icy vne obseruation à faire. C'est que comme quand il est question de miracles qui peuuent estre faits par le ministere des Anges (car chacun sçait qu'il y en a quelques-vns qui ne peuuent estre faits que par la seule puissance de Dieu) on examine soigneusement s'ils ont esté faits par les bons ou par les mauuais, afin de ne se laisser pas abuser par la seduction de l'erreur, il est aussi besoin d'apporter beaucoup de circonspection à iuger de ces visions nocturnes. Toutes les actions des hommes sont ou bonnes en elles-mesmes, ou mauuaises de leur nature, ou indifferentes & entremoyennes entre le bien & le mal. Si donques quelque tel songe nous induisoit à vne bonne action, & dont il ne peust reüssir aucun mauuais euenement, il ne nous deuroit pas estre suspect: mais il seroit absolument à condamner & à rejetter, comme vne illusion du Malin, s'il nous portoit à vne mauuaise. Et pour ce qui est des indifferentes, les circonstances qui les accompagnent ayant accoustumé de les determiner, i'en croirois plustost la prudence & la charité, qui doiuent estre reigles vniuerselles de nostre conuersation, qui ie ne ferois l'induction & la persuasion d'vn songe. Et neantmoins où la prudence & la charité s'accorderoyent auec vne extraordinaire vision, i'aduouë que l'induction m'en seroit fort considerable. Enfin, pour ce qui est des songes qui procedent des causes de la Nature, il me semble qu'en expliquant d'où ils procedent, i'ay assés descrié leur vanité. C'est sans doute vne grande foiblesse d'esprit, ou vne superstition fort indigne des Chrestiens, que de s'y arrester tant soit peu, pour en conjecturer l'aduenir, ou pour y fonder des resolutions de la moindre importance du monde. I'ay seulement à donner icy deux aduertissemeus, dont l'vn regarde la santé du corps, & l'autre celle de l'ame. Ie di donc pour le premier, que nous pouuons bien regarder à nos songes, quand ils nous peuuent fournir quelques indications de la constitution de nos corps : afin que s'ils marquent quelque vice dans nostre temperament, ou quelque desordre dans nos humeurs, & s'ils nous menacent ainsi de quelque indisposition, nous y pouruoyions par le regime de la Medecine. Et pour le regard du second, si de la frequence de certains songes, & de leur mauuaise qualité, nous pouuons reconnoistre que nous soyons enclins à quelques passions vicieuses, (quoy que cela se connoist beaucoup mieux par les actions que nous faisons en veillant, que par les visions qui nous arriuent pendant le sommeil) nous taschions de les corriger par la Morale

Chrestienne. Enfin, puis que comme les Philosophes l'ont remarqué, la qualité des songes est vn indice, non de la constitution du corps seulement, mais aussi de celle de l'esprit, & que les plus vertueux ont les songes les plus sages & les plus temperés, chacun doit s'adonner soigneusement à la vertu, à la temperance, & à la sobrieté, pour n'estre pas importuné d'imaginations turbulentes.

Voila, Monsieur & tres-honoré frere, les choses qui me sont venuës en l'esprit, quand aux heures que i'ay peu dans mon voyage, ie me suis mis à mediter sur ce sujet. Si d'autres affaires ne m'en auoyēt osté le loisir, & si ie ne m'en allois à d'autres trauaux que i'ay promis & que l'on desire de moy depuis long-temps, i'aurois apporté plus de soin & plus d'estude à ce petit ouurage. Ce que i'ay peu faire ç'a esté de l'acheuer, à quoy ie doutois aucunement de pouuoir paruenir quand i'ay mis la main à la plume. Quel qu'il soit ie le vous donne de bon cœur, & l'estimeray bien-heureux s'il reçoit vostre approbation : parce que celle que vous receués du Public, doit rendre vostre temoignage sans reproche. Ie vous demande, Monſieur, l'aſſiſtance de vos bonnes prieres enuers Dieu, non pas ſeulement à ce qu'il me face la grace de mettre à effect diuers deſſeins qu'il m'a donné de former pour l'eſclarciſſement de ſa verité : mais principalement que nonobſtant les trauerſes que l'on me donne, il me fortifie de ſon bon Eſprit en ma courſe, pour la paracheuer à ſa gloire, & à l'edification des gens de bien. De ma part ie le prie de tout mon cœur qu'il vous comble de ſes meilleures benedictions, & ſuis inuiolablement,

MONSIEVR ET TRES-HONORE' FRERE

Voſtre tres-humble, & tres-obeïſſant ſeruiteur.

AMYRAVT.

De Saumur, ce 1. de l'an 1659.

ERRATA.

Pag. 5. lig. 17. *lisés* auecque. p. 12. l. 4. *lis.* les vnes. p. 15. l. 14. *lis.* les auares. p. 40. l. 11. *lis.* y incitoit. p. 72. l. 19. *lis.* vns dans. p. 74. l. 14. *lis.* accomplis p. 76. l. 3. *lis.* car c'est à dire. p. 88. l. 18. *lis.* faux & supposé.

www.ingramcontent.com/pod-product-compliance
Ingram Content Group UK Ltd.
Pitfield, Milton Keynes, MK11 3LW, UK
UKHW021547260726
13993UKWH00002B/678

9 782329 260099